U0783722

商品信息采集与编辑

主编 ◎ 朱志强　鲍志林　付霞

华中科技大学出版社
http://press.hust.edu.cn
中国·武汉

内 容 简 介

随着人们消费理念的升级,网络购物体验的需求也在不断变化,因此良好的店铺设计、吸睛的商品呈现方式等就显得尤为重要。商品信息采集与编辑通过对商品信息的数字化,可以更好地呈现商品信息、提高客服工作效率、建立良好的品牌形象,甚至可以促进成交,这项工作对网店运营来说至关重要。本书理论结合实际,系统地阐述了商品信息采编的基本概念、商品信息采编设计理论、商品拍摄前期准备、商品拍摄方案设计、商品素材处理、商品详情页设计、商品视频拍摄与制作等内容。

本书思路明确、逻辑清晰,适合作为本科院校电子商务等专业的课程教材用书,也适合广大电子商务研究人员与从业人员参考和学习。

图书在版编目(CIP)数据

商品信息采集与编辑/朱志强,鲍志林,付霞主编.—武汉:华中科技大学出版社,2021.6(2025.7重印)
ISBN 978-7-5680-7113-0

Ⅰ.①商⋯ Ⅱ.①朱⋯ ②鲍⋯ ③付⋯ Ⅲ.①商品信息-采集 ②商品信息-编辑 Ⅳ.①F713.51

中国版本图书馆 CIP 数据核字(2021)第 108621 号

商品信息采集与编辑   朱志强 鲍志林 付 霞 主编
Shangpin Xinxi Caiji yu Bianji

策划编辑:聂亚文
责任编辑:段亚萍
封面设计:孢 子
责任监印:朱 玢
出版发行:华中科技大学出版社(中国·武汉)   电话:(027)81321913
           武汉市东湖新技术开发区华工科技园   邮编:430223
录　排:武汉创易图文工作室
印　刷:河北虎彩印刷有限公司
开　本:787 mm×1092 mm　1/16
印　张:10.5
字　数:282 千字
版　次:2025 年 7 月第 1 版第 2 次印刷
定　价:52.00 元

前言
Preface

伴随我国电子商务的快速发展以及消费者在线购物的普及，与电子商务紧密联系的商品信息采集与编辑（又称商品信息采编）相关岗位炙手可热。要想在激烈的竞争中占据一席之地，需要掌握扎实的商品信息采编理论知识和技能。

本书采用理论与实践案例相结合、理论与业务模型相结合的方法，帮助读者系统了解商品信息采编并掌握相应的操作技能。本书首先明确了商品信息采编的定义、价值以及不同岗位的技能要求，并指出了商品信息采编的未来发展趋势。然后，介绍了商品信息采编的设计理论，为后续的介绍奠定基础。接着按照商品拍摄前期准备、拍摄方案设计、素材处理、详情页设计、视频拍摄与制作的流程，分别介绍了吸光材质商品、反光材质商品、透光材质商品的具体操作步骤。

本书编写特色：

条理清晰、学以致用。本书的编写以应用为中心，内容注重实操性，用简洁、精准的语言描述所有知识点，满足读者希望快速掌握操作方法与技巧的需求。

图文并茂、寓意于形。本书内容通俗易懂，通过演示不同类型商品的操作过程，带领读者熟悉具体操作步骤及流程。同时，本书对相关知识点进行了丰富和拓展，以便读者掌握更多的知识与技能。

配套教材、资源丰富。为了使本书内容既适合电商运营者，又能广泛应用到院校教学中，本书配有同步教学素材，包括 PPT、教学视频、案例素材等立体化的学习资源（读者可发送邮件至1129112545@qq.com 索取），以帮助读者构建全方位的知识体系。

随着技术的不断发展，商品信息的采编也在不断发生变化。尽管我们在编写过程中本着细心、认真的原则，力争准确、完整，但不可避免会存在一些不足的地方，敬请读者批评指正！与各位读者共同学习，共勉之！

目录
Contents

Shangpin Xinxi Caiji yu Bianji

项目1
商品信息采编概述

> **项目概要**

　　本项目主要是围绕商品信息采编的相关基础概念展开的,包括商品信息采编的定义与价值、未来发展趋势,以及商品信息采编的岗位设置和技能要求。这些基础概念的学习是进行商品信息采编的前提,在帮助读者更好地认识与理解商品信息采编岗位的同时,还可为后面商品信息采编的实战操作奠定坚实基础。

> **学习目标**

　　1.了解商品信息采编的定义;

　　2.理解商品信息采编的重要性;

　　3.掌握商品信息采编工作的岗位设置;

　　4.掌握商品信息采编岗位的技能要求;

　　5.了解商品信息采编的发展趋势;

　　6.具备良好的逻辑思维能力。

任务 1.1
商品信息采编的定义与价值

> **任务分析**

　　本任务旨在让读者通过了解商品信息采编的定义与价值,对商品信息采编有清楚的认知,明确商品信息采编岗位的重要性。

1.1.1　商品信息采编的定义

　　商品信息采编,顾名思义,就是采集与编辑有关于商品的各类信息。在电子商务领域中,商品信息采编主要包括商品拍摄、图片处理、详情页设计等,通过适当的采集与编辑,为消费者提供准确、清晰、详细的商品资料。以图 1-1 所示的这款耳机商品为例,通过对拍摄后的商品图片进行美化设计,可以为商品的展示效果加分。

　　商品信息采编依托于电子商务的快速发展。用户从相关平台购买商品时,主要通过平台所展示的图片来判断商品质量、性能等,从而确定是否购买。所以,图片中展示信息的全面、图片的美观、图文的设计等都直接影响着用户的购买决定。

　　呈现在用户眼前的图片及信息,一般要由相关专业人员对商品进行拍摄、制作、页面设计、美

(a)

(b)

图 1-1

化等一系列相关操作来实现,实现的过程就是商品信息的采集与编辑,又称商品信息采编。

商品信息采编的流程包括三个环节:商品拍摄、图片美化、详情页设计,如图 1-2 所示。

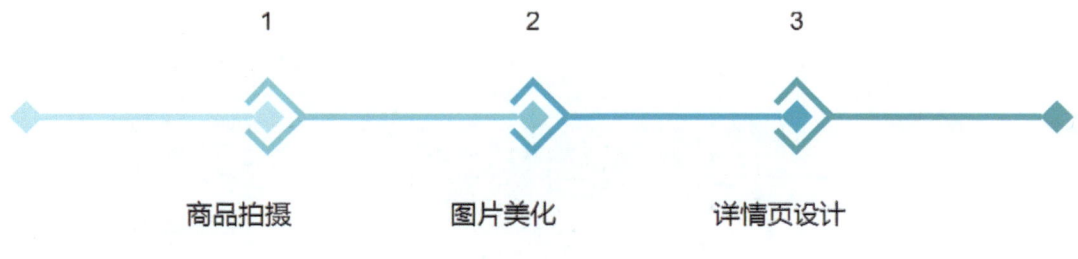

| 1 | 2 | 3 |

商品拍摄　　　　图片美化　　　　详情页设计

图 1-2

1. 商品拍摄

商品拍摄是采编的第一步。首先,要根据所拍摄商品的特性和实际情况,来选择拍摄场地,或是摄影棚内,或是合适的室外。其次,利用专业的摄影器材和方法多角度地拍摄商品,旨在将商品的各种信息和特点都完美地呈现出来,使得照片中的商品呈现出最好状态。商品拍摄如图 1-3 所示。

2. 图片美化

图片美化是商品信息采编非常关键的一步,一般是运用 Photoshop 等图像处理软件对所拍摄照片进行美化处理,比如调整尺寸、调整亮度(对比度)、添加滤镜、修复瑕疵等,让图片变得更为美观,从而吸引消费者。商品图片美化如图 1-4 所示。

3. 详情页设计

详情页设计是将前两个步骤中处理好的商品图片拼接起来,进行合理的图文编排,呈现出商品的详细信息。出色的商品图文详情页,不仅能够让消费者清楚地了解想要知道的商品信息,还

图 1-3

图 1-4

能提高商品点击率,从而促进销售。图 1-3 和图 1-4 所拍摄、美化的这款高跟鞋商品的部分详情页设计效果如图 1-5 和图 1-6 所示。

品牌: 足姿媚 (ZUZIMEI)

商品名称: 实体店供货!法式小高...	商品编号: 66873801076	店铺: 足姿媚女鞋旗舰店	商品毛重: 1.0kg
货号: 8859	鞋面材质: 胎牛皮	鞋头款式: 尖头	适用人群: 青年,中年
鞋底材质: 橡胶	制鞋工艺: 胶粘鞋	皮质特征: 软面皮	开口深度: 浅口
尺码: 41	鞋跟形状: 细跟	鞋跟高度: 高跟(6-8cm)	闭合方式: 一字式扣带
上市时间: 2020年夏季	适用场景: 宴会	款式: 单鞋	流行元素: 浅口,搭扣
适用季节: 夏季	风格: 韩版	内里材质: 超细纤维	图案: 纯色
颜色: 蓝色			

图 1-5

8cm笔挺酒杯跟
摇曳的酒杯跟使足尖更具诱惑力
打造优雅迷人的格调魅力

图 1-6

1.1.2　商品信息采编的价值

网店与实体店最大的不同是消费者不能用多个感官去感受,而只能通过视觉查看相关文字、图片以及视频,从而确定是否购买。因此,良好的店铺设计、吸睛的商品呈现方式等就显得尤为重要了。要想达到这些目的,商品信息的采编必不可少。商品信息采编的价值主要体现在以下几方面。

1. 呈现商品信息

商品详情页是商品信息呈现的主要内容。作为店家,需要从用户的角度出发,设身处地地考虑用户真正想要了解和知道的商品信息,从而通过商品详情页把这些信息完整、准确地呈现出来。例如,京东商城在商品详情页向用户呈现了商品的四大类信息:商品介绍、规格与包装、售后保障、商品评价,如图 1-7 所示。

2. 提高客服工作效率,减少咨询

商品详情页可以看作店铺对用户咨询的回复,在精不在多。完整而清晰的商品详情页,不仅能够精准把握用户的购买心理,将有效信息及时呈现给对方,同时,还可提高用户的浏览率,使用户无须咨询相关客服,通过查看规格参数等即可确定购买与否,从而降低店铺的运营成本。换言之,用户对客服的依赖程度取决于商品详情页,只要详情页足够精细、足够准确,就可在大大降低

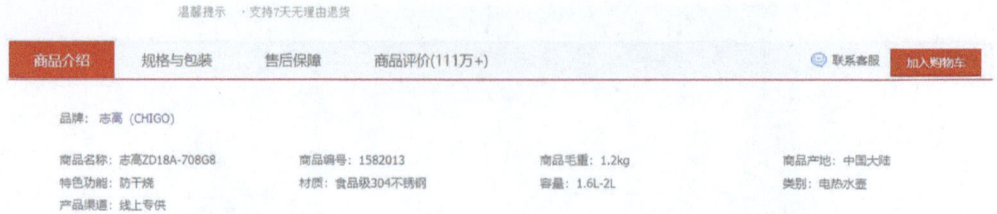

温馨提示 ·支持7天无理由退货

| 商品介绍 | 规格与包装 | 售后保障 | 商品评价(111万+) | | 联系客服 | 加入购物车 |

品牌：志高 (CHIGO)

商品名称：志高ZD18A-708G8	商品编号：1582013	商品毛重：1.2kg	商品产地：中国大陆
特色功能：防干烧	材质：食品级304不锈钢	容量：1.6L-2L	类别：电热水壶
产品渠道：线上专供			

图 1-7

客服咨询率的基础上完成购买。如图 1-8 所示的商品详情页，就详细地介绍了商品特性，使消费者无须向客服咨询。

3. 建立良好品牌形象

　　商品详情页作为店铺与用户沟通的"窗口"，其精美的页面设计、专业化的商品拍摄等采编步骤，都可以通过挖掘商品信息、放大产品优势来与其他竞争产品形成差异。这种差异使得用户产生良好购物体验的同时，还能够在短时间内赢得用户的好感，有助于建立店铺积极、正面的品牌形象。如图 1-9 所示，图 1-9（a）和图 1-9（b）分别是两个不同的蚕丝被商品详情页，图 1-9（b）通过图片拍摄和良好的页面设计，不仅能让用户更为信服，也提升了品牌形象。

(a)　　　　　　　　　　(b)

图 1-8　　　　　　　　　　　　　　　　图 1-9

4. 促进成交

提高成交率是商品信息采编的终极目标。精致而又准确的商品详情页可以促进用户的成交,提升销量。如图 1-10 所示,同一款衣服使用两种不同的呈现方式,就会产生不同的效果。图 1-10(b)是通过真人模特试穿来呈现服装的立体效果,而图 1-10(a)仅仅采用较为平面的呈现方式,消费者缺乏直观感受。可见,专业的商品详情页能够更好地促进用户消费下单,提高成交率。

(a)   (b)

图 1-10

任务 1.2
商品信息采编岗位的设置及其技能要求

> **任务分析**

用户通过商品信息采编呈现的成果与店铺沟通,商品信息采编工作关系着店铺的发展。因此,本任务将重点讲解商品信息采编岗位的设置及其技能要求。

1.2.1 商品信息采编的岗位设置

近年来,随着网络电商的快速发展,各类不同性质的电商企业如雨后春笋般涌现。在电商企业中,商品信息采编的岗位对电商从业人员提出了更高的要求。下面以三种电商企业类型来介绍商品信息采编工作的岗位设置。

1. 传统电商运营部门

大部分传统企业的电商运营部门下设多个组别,其中最为关键的通常是美工组,通常设置一

名组长、两名组员。组长负责日常工作的统筹安排与管理,配合运营完成页面推广设计及素材的总结归档工作。组员则负责商品信息的采集、整理,包括拍摄工作、图片美化、店铺页面的制作等,如图 1-11 所示。

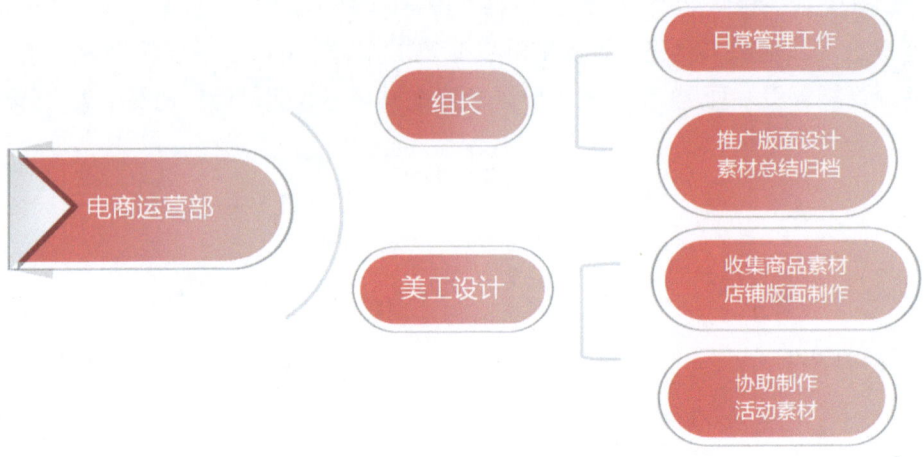

图 1-11

　　为了扩大销量、提高品牌影响力,某著名日用品商家决定开设网店,并成立了电商运营部门来负责线上商城的页面设计和商品详情页的制作。该部门起初由三名员工组成,组长负责日常工作的统筹安排,另外两名美工设计则分别负责商品信息的收集及详情页的设计。

　　每到节假日来临,组长对线上促销的页面设计思路进行规划与整理,确定设计方向,并安排工作任务。组员则根据方案寻找素材,完成页面制作。节假日期间,由于采编部门配合得当,商品信息完善、图文美观,使得商品访问量显著提升,由此可见合理的岗位设置对于传统电商企业的重要性。

2. 专业电商视觉运营公司

　　上述案例中的日用品商家由于商品种类增加、规模扩大,一般的美工组已经无法保质保量地完成日常线上推广工作。因此,商家决定寻求专业的电商视觉运营公司的帮助,希望以此来完成商品详情页的设计及其他网店装饰推广工作。

　　专业电商视觉运营公司与该商家进行沟通后确定了设计方案。商家把需要拍摄的商品送到专业视觉运营公司,由专业的摄影师完成拍摄并进行选图,然后由美工美化照片并微调,设计师根据商家的要求完成对商品详情页的设计与制作。

　　由以上可知,专业电商视觉运营公司主要是负责商品拍摄、图像处理和店铺设计、后期包装修饰等工作,其对商品信息采编设有专门的工作岗位,组织架构图如图 1-12 所示。摄影助理负责商品拍摄的辅助工作,涉及场景挑选、灯光设置等;图片美化则由文案和美工合作完成:文案负责相关的商品文字介绍,美工则负责商品图片的美化调整;商品详情页的设计师对图片、文字及整体风格进行排版布局,设计师助理则完成设计的辅助工作。

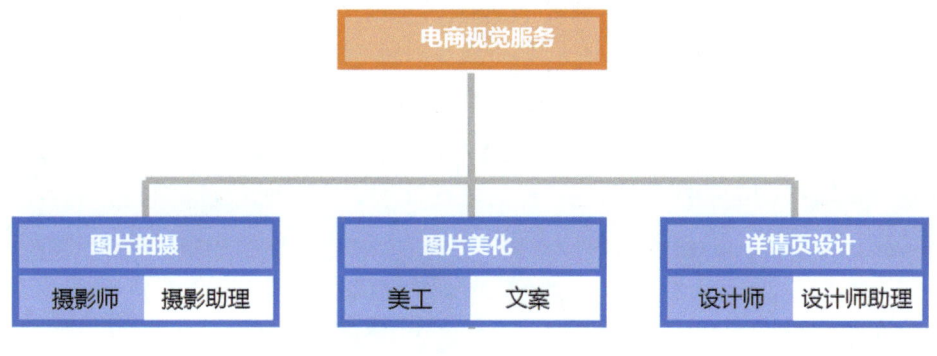

图 1-12

3. 普通网店

普通小型网店由于商品种类不多、规模有限,通常是由一个人来负责商品信息的采编工作,完成商品拍摄、图片美化、详情页的设计排版等工作,如图 1-13 所示。

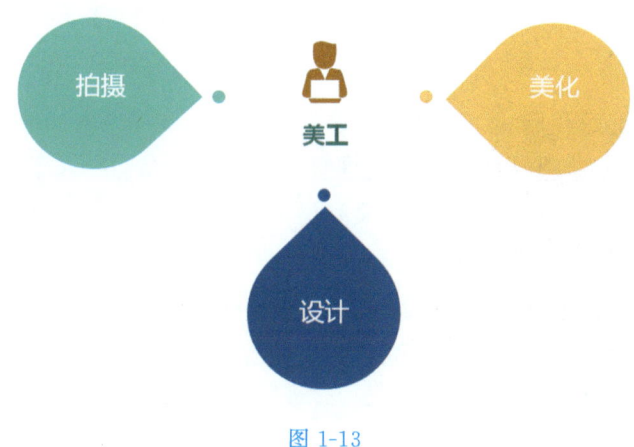

图 1-13

动手一试......

在招聘类网站输入"网店美工""商品采编"等关键词,记录 5 家电商平台关于商品信息采编工作岗位的招聘要求。

1.2.2　商品信息采编的岗位技能要求

不同规模的电商企业有不同的岗位设置,但是对于商品信息采编来说,其技能要求基本是一致的,可以归纳为三种:商品拍摄、商品图片美化、详情页制作。

1. 商品拍摄岗位的技能要求

图片拍摄及创作是商品信息采编收集资料素材、创作网店原型图片的重要手段,也是这一岗

位应必备的基础能力,主要从以下两个方面切入。

1)掌握单反相机的使用方法

相机的选择对于商品拍摄可以说是至关重要的。专业的摄影师一般选择单反相机,如图 1-14 所示。单反相机功能齐全,可以拍摄较为复杂的背景下的商品,且成图效果上佳。商品拍摄岗位要求熟练掌握光圈和快门的使用方法,这一部分会在项目 3 中详细介绍。

图 1-14

2)掌握各类商品的拍摄方法

在实际拍摄场景中,专业摄影师能够做到具体问题具体对待,针对不同类型的商品使用不同的拍摄方法,选取不同的角度,从而使成图效果良好。如在拍摄金银饰品、瓷器等具有较强单向反射能力的商品时,有经验的摄影师会选择柔和的散射光线进行照明,或是采用间接照明的方法,把灯光反射到所要拍摄的商品上,这样能够创造柔和、不刺眼的照明效果,因为直射灯光照射到上述商品表面时,由于其表面光滑如镜,会产生强烈的光线改变。如图 1-15 所示的商品,就可以明显看到光照对于商品拍摄的重要性。

(a)

(b)

图 1-15

2. 商品图片美化岗位的技能要求

店铺要想销售产品，图片尤其是主图视觉的优化是重中之重。精良的图片制作及优化能产生较高的点击率、较高的转化率。

1) 掌握常用的图像处理软件

商品拍摄完成后，需要对图片进行调整、处理，以达到美观的视觉效果。一般来说，可采用 Photoshop 软件（简称 PS），它是目前最常用的图片处理软件之一，尤其是其中的裁剪工具、魔棒工具、色板工具等，这些具体的功能可对图片进行调整、修饰，如图 1-16 所示。

(a)　　　　　　　　　　　(b)

图 1-16

2) 了解基本的配色法则

配色是设计的核心，是美化图片的关键。良好的配色可以使消费者身心舒畅。配色，就是将颜色进行合理的调试与取舍，达到一种和谐、融为一体的效果。配色可改变空间的舒适感和环境气氛，从而满足消费者在视觉及心理方面的需求。

在图片美化过程中，需要根据商品的属性、特点及商品风格等，选择合适的颜色，以达到良好的观感效果。例如，页面设计的经典颜色——蓝色，其代表着广阔的天空，又让人联想到深不可测的海洋，传达出沉静、冷淡、理智、博爱、透明等情感取向。其深沉的特性也让人能够尽快进入平静、专注的状态，即使长期观看也不会产生强烈的视觉刺激，适用于学术交流、科技产品等网站。又如图 1-17 中红色和黑色的搭配，其中红色给人一种冲击力，代表热烈、激情、主动、开放、积极，总能让人想到美好的事情；黑色则代表庄严、神秘，给人神秘莫测的感觉。所以，天猫的 LOGO 在设计上就采用了红、黑的经典搭配模式，整体呈现一种高贵、神秘的气质，如图 1-18 所示。橙色则给人一种充实、丰富、豪爽、幸福的感觉，总能带给人温暖，让人联想到丰硕的果实，所以阿里巴巴的 LOGO 则采用橙色，如图 1-19 所示。

图 1-17

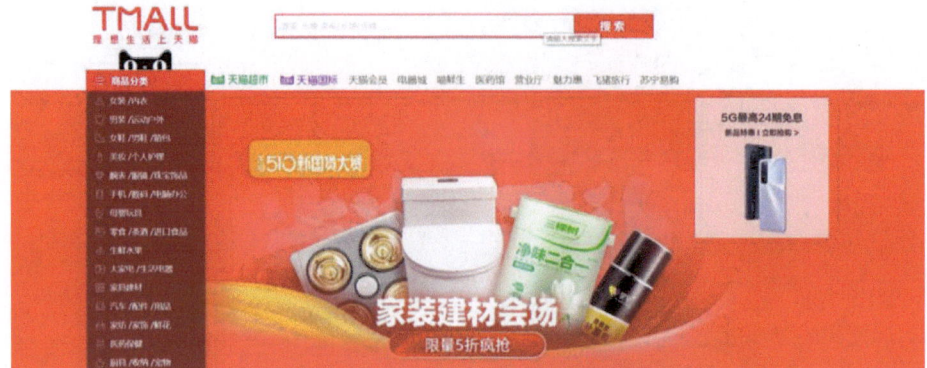

图 1-18

图 1-19

 **知识拓展**

十种基本的配色设计

1.无彩色设计：只用黑、白、灰色，不用任何有彩色。

2.冲突设计：把一个颜色和它补色左边或右边的（就色相环而言，下同。色相环如图 1-20 所示）色彩配合起来。

3.单色设计：把一个颜色和它任意一个或所有的明、暗色配合起来。

4.分裂补色设计：把一个颜色和它补色任意一边的颜色组合起来。

5.二次色设计：把二次色橙、绿、紫色结合起来。

6.互补设计：使用互补的颜色（见图 1-21）。

7.类比设计:在色相环上任选三个连续的色彩或其任一明、暗色。

8.原色设计:把原色红、蓝、黄色结合起来。

9.中性设计:掺入黑色或一个颜色的补色使该颜色的色彩消失或中性化。

10.三次色三色设计:红橙、黄绿、蓝紫色或是蓝绿、黄橙、红紫色。在色相环上颜色之间的距离相等。

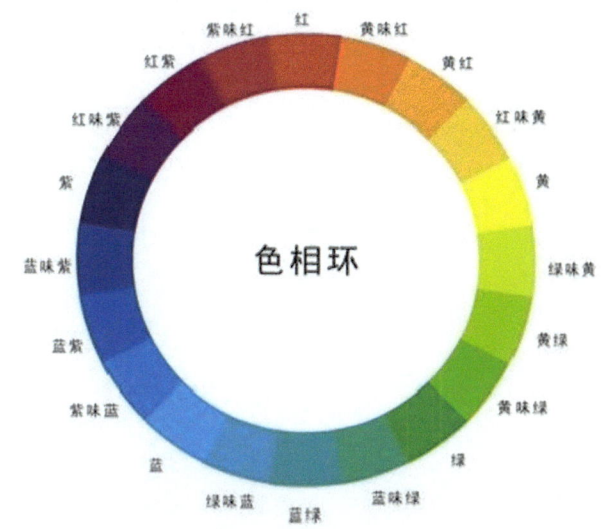

图 1-20

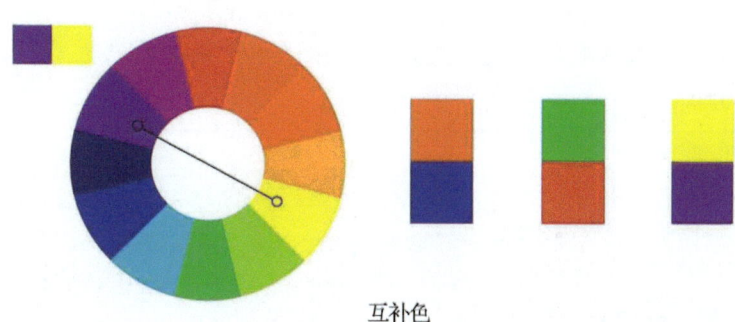

互补色

图 1-21

3. 商品详情页制作岗位的技能要求

商品详情页是店铺品牌展示的重要途径,也是买家对店铺第一印象的主要来源。鲜明而有特色的商品详情页对于店铺形成品牌和产品定位具有不可替代的作用。

1)掌握 Photoshop 软件的基本操作方法

在完成商品图片美化之后,需要将图片和文字整合起来形成商品详情页,这就需要岗位人员掌握 Photoshop 软件的各类工具的操作方法和使用技巧。表 1-1 所示为几种常见的 PS 工具组合

使用的方法,涉及图片美化和页面制作的具体工作。

表 1-1

图 片 美 化	页面制作(图文结合)
1.用魔棒工具在强对比的图片中抠图; 2.用多边形工具制作背景效果图片	1.新建图层(图层选择、图层样式); 2.填充颜色; 3.文字编辑
1.用钢笔工具抠素材图; 2.用描边工具进行图片描边; 3.借助图像变形工具对图片进行调整	1.背景图层制作(圆角矩形工具); 2.虚线框制作(钢笔工具); 3.圆形组合排列(椭圆工具)
1.用钢笔工具进行人像抠图; 2.用图层蒙版制作衬底图片	1.钢笔抠图; 2.描边工具的使用; 3.环形组合搭配; 4.引导线制作(矩形工具、钢笔工具)
1.用钢笔工具、填色工具制作表格; 2.用矢量蒙版工具制作图片包边	1.参考线(精确排版)
1.用剪贴蒙版工具对图片整合排版; 2.用矩形工具设计图框	1.椭圆工具、蒙版工具(半弧制作); 2.蒙版工具(图片融合)

2)掌握简易的美图软件的基本操作方法

简易的美图软件使用起来十分简便,被广泛用于商品图片美化和图文整合。其中光影魔术手上手简单,足以满足大部分图片后期处理的需要,表 1-2 对其美化功能进行了介绍。

表 1-2

美 化 功 能	操 作 方 法
1.图案调整参数强大,能够对亮度、对比度、色相、色阶等进行调节; 2.特效多样,拥有各种风格,能够进行背景虚化、做出旧相片效果等; 3.拥有多种多样的拼图模板和边框,为商品详情页的设计提供更多可能; 4.可进行文字排版和添加水印操作; 5.可以批量处理图片,如批量调节尺寸、批量添加特效等	1.在工具栏中单击打开图标,在弹出的对话框左侧搜索文件路径,右侧选择图片,单击打开即可打开所需图片。 2.对图片进行处理。标题栏下方为该软件工具栏,可使用其中的尺寸、裁剪、旋转、边框、拼图、模板、抠图等工具对图片进行美化加工。 3.在完成美化之后,单击保存按钮,在弹出的对话框中单击确定即可保存图片。 4.特殊操作:单击撤销可撤销上一步操作;单击还原可恢复到图片美化前的效果。此外,该软件还可对图片美化前后的效果进行比较

3)掌握页面布局构图方法

在对详情页进行设计制作的过程中,页面排版的构图格局是至关重要的。良好的布局构图,能让整个页面看起来井然有序,也能使消费者在页面浏览的过程中得到舒适的观感体验。图 1-22 所示为几种常见的详情页构图布局。其中图 1-22(a)的布局为文字位于图片下方;图 1-22(b)的布局为文字环绕在图片周围;图 1-22(c)的布局为文字位于图片下方与文字位于图片上方交替布局。

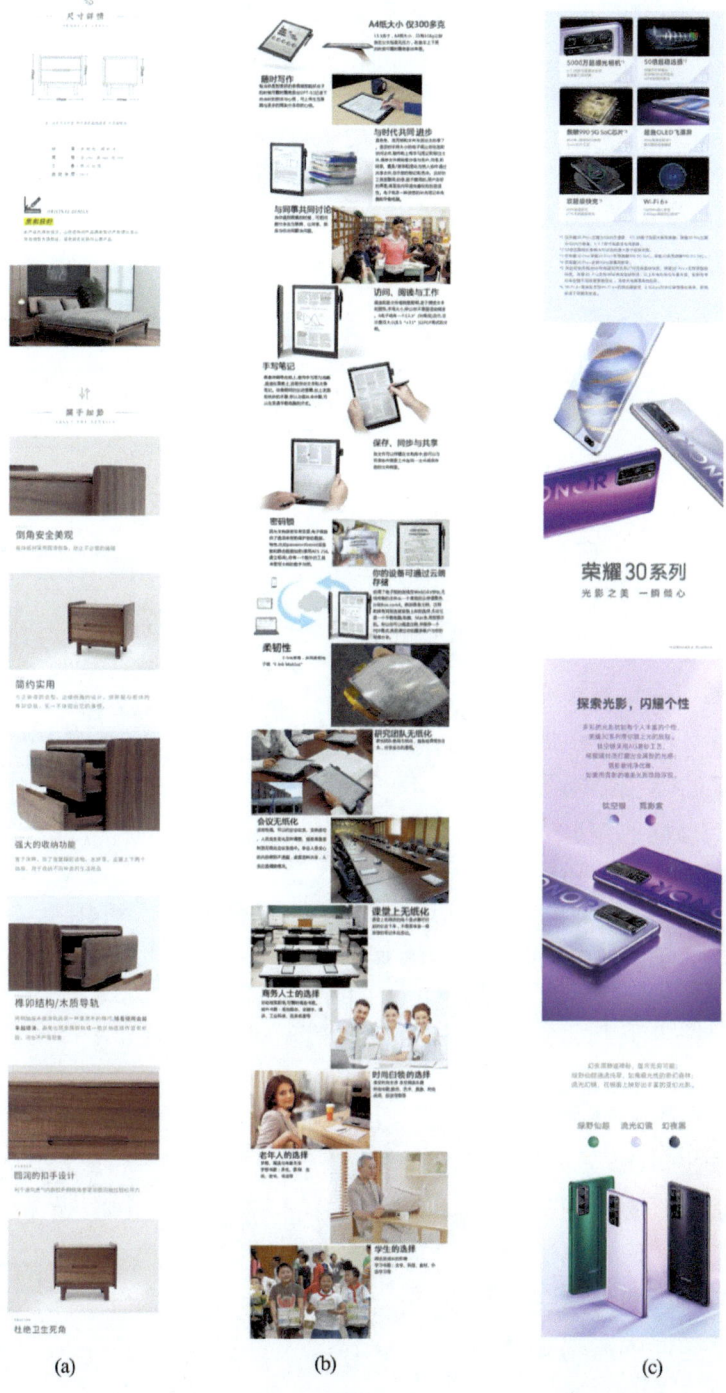

(a)　　　　　(b)　　　　　(c)

图 1-22

任务 1.3
商品信息采编发展趋势

> **任务分析**

随着互联网技术的快速发展,电商行业不断发展壮大,掌握商品信息采编的发展趋势可以有效帮助电商企业更好地发现商机。本任务将从平台、设计、技术三个角度来介绍商品信息采编未来的发展趋势。

1.3.1　移动平台的发展

"2019 年天猫双 11 全球狂欢节"全天交易额达 2684 亿元,其中无线端成交率占比超过 90%,而在 2015 年"双 11"时仅为 68.67%。京东商城的"双 11"数据也同样显示:无线端交易占比超过 80%。从以上这些数据可以看出:通过手机等移动终端购买商品的消费者将会逐步增加。移动平台具有其他电子设备不具备的绝对优势,即可以随时随地地购物,强大的便捷性是其最大的特点。未来移动电商将成为电子商务领域中一个新的经济发展的增长点,也同样代表了商品信息采编的未来发展趋势。

如图 1-23 所示,随着手机尺寸多样化及消费者浏览习惯的改变,设计师需要针对各类移动终端不同的尺寸进行页面布局及图片尺寸的调整。这些细节的改变将会使得消费者在移动平台上获得更佳的购物体验,享受更多的购物乐趣和便捷感。

(a)　　　　(b)

图 1-23

1.3.2　扁平化设计

页面设计的扁平化是近些年来互联网设计理念的重要变革之一。扁平化设计理念指的是抛弃一切装饰效果,如阴影、纹理、透视、渐变等,任何元素的边界都干净利落,没有羽化、渐变的过渡。与此同时,扁平化的设计也意味着设计步骤的简化、工作量的减少,甚至不需要前期的素材采集,通过色块的拼接就可以顺利完成设计,这无形之中也影响着设计变革的潮流发展方向。

如图 1-24 所示,扁平化设计风格主要是利用丰富的色彩和有趣的图形来传递信息,给人一种简单直接又耳目一新的感觉,用户在此类风格的界面上操作,也会更加简捷、高效和舒适。扁平化设计也是一个通过交互界面设计来改造提高功能化的重要手段,使用户界面保持独一无二的创造力和平易近人的功能性。

图 1-24

优秀的扁平化设计要包含良好的架构、网格和排版布局及色彩的运用。扁平化设计采用简单的元素去设置用户界面,坚持简单的形状,同时每个形状单独使用,因为形状的边角已经体现最完美的曲率。扁平化设计中的象形图形、抽象符号、表意图像、语标符号这些按钮和图标,是对复杂语义最简洁、最易理解的表述。这种简洁的扁平化按钮和图标,在让界面更加简洁美观的同时,也使得用户的操作功效得到了很大的提升。

扁平化设计能够有效地运用于界面应用程序和移动端,其容量小,按钮和界面清晰,可以给用户一个完美的体验。纵观各类电商平台中的店铺装修,基本都已经引入了扁平化设计,如图 1-25所示。在未来的页面设计中,将会出现更多别致、有特点的扁平化设计风格。

1.3.3　AR 虚拟互动技术

通过网络平台购物时人们总会遇到"买家秀"和"卖家秀"的天差地别。满足消费者试穿这一需求成为很多电商公司着力研究的新方向。可喜的是,近年来,随着 AR 技术的快速发展,其正在

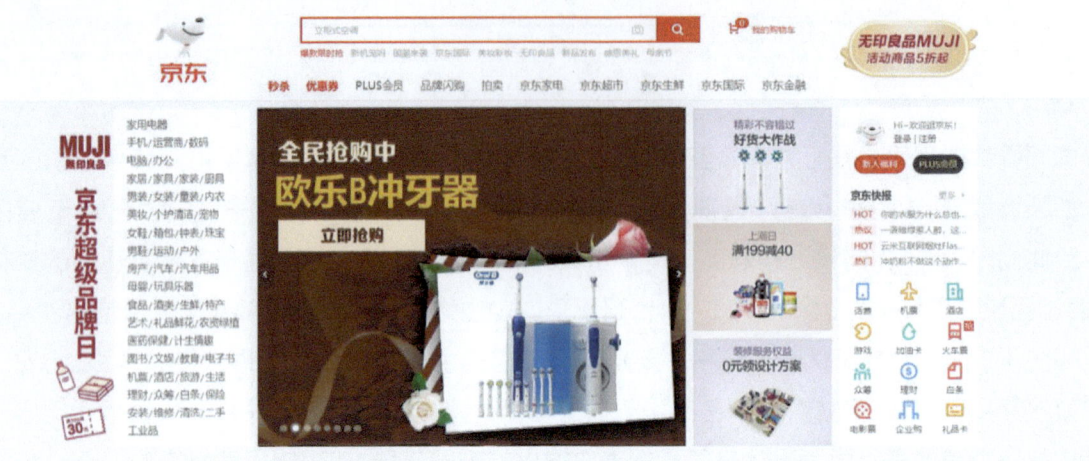

图 1-25

迅速变为市场营销和广告最热门的趋势,作为一种全新的方式连接消费者。AR 可以拓展消费者的实际感受,提供独特的、令人印象深刻的交互体验,从而产生出乎意料的营销效果。

　　AR 技术又称增强现实技术,是将现实场景和虚拟场景相结合,在摄像头拍摄的画面基础上,结合虚拟画面进行展示和互动,从而改变了信息传递的方式和效率。

　　最近两年,天猫、淘宝等电商平台逐步采用全新的 AR 互动技术来实现试穿试戴,帮助消费者形成真实的触摸感,体验商品穿戴效果与质感,从而重新定义网购方式,如图 1-26 所示。

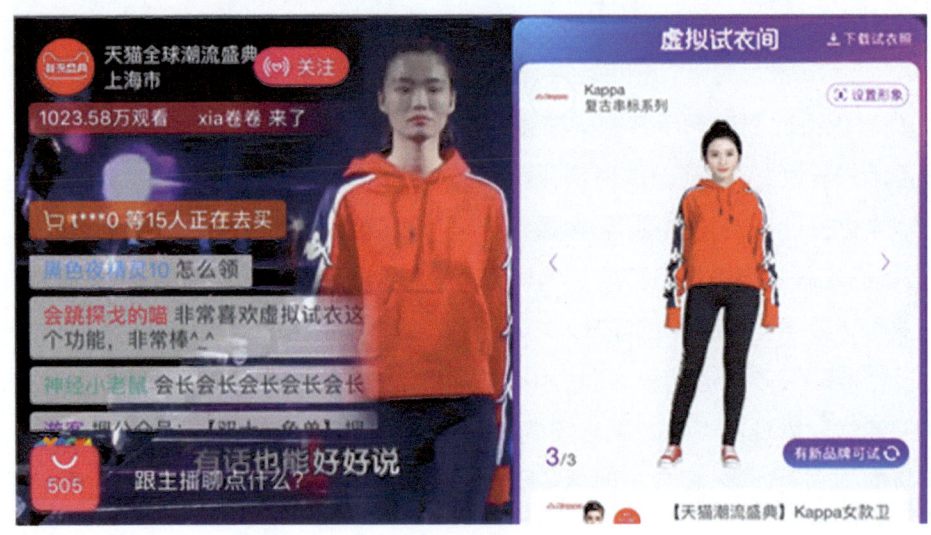

图 1-26

　　采用 AR 技术后,消费者通过手机摄像头可以体验虚拟试穿的效果。如图 1-27 所示,在某款商城 APP 上,单击该款商品详情页中的"虚拟试穿"按钮,将手机摄像头对准需要试穿的部位,将会呈现试穿后的效果图,消费者以此来体验商品的穿戴效果。

A'r Jordan 1 Mid Shattered Backboard 扣碎篮板 篮球鞋

¥**1359**

先鉴别后发货　　逐件查验　　正品保障

(a)

Air Jordan 1 Mid Shattered Backboard
扣碎篮板 篮球鞋

¥**1359**

(b)

图 1-27

此外,使用 AR 技术可以全方位地展示商品的外观特性,使消费者在足不出户的情况下就能够一览商品全貌,如图 1-28 所示为一款鞋的全方位展示。

图 1-28

在传统线下展示中,无论是海报还是产品包装,都有尺寸、体积等的限制,信息必须精简。但是加入 AR 技术后,附加的数字化内容不仅丰富,而且涉及声音、动画、视频等多种形式。亨氏公司曾在番茄酱的销售中加入 AR 技术进行营销,消费者用手机扫描瓶子上的番茄酱标签,就会出现一个数字食谱,展现各种用番茄酱制作的美食,其中还包括烹饪视频。最终,超过 15 万的消费者参与了这一活动,销量也很可观。

AR 技术跳出了二维码的限制,产生了更多信息流,让手机真正成为从线上到线下的连接器,也因此成为品牌商商业化探索的方向。这标志着网络购物已经有了虚拟穿戴的趋势出现,消费者足不出户,也可以买到适合自己身材的服饰、鞋帽等。

知识拓展

AR技术和VR技术的区别

AR(augmented reality)技术又称增强现实技术,是一种实时计算摄影机影像的位置及角度并加上相应图像的技术,其目的在于将虚拟世界和现实世界进行互动。这种技术最早于1990年提出,近年来,随着移动设备运算能力的提升,AR技术的用途越来越广。

VR(virtual reality)技术又称虚拟现实技术,是一种能够创建和体验虚拟世界的计算机仿真技术。其通过交互式的三维动态视景和实体行为的仿真系统,能够让体验者沉浸到计算机生成的模拟环境中。

AR技术是在真实场景的基础上,强调复原人类的视觉功能。它通过智能计算机设备所产生的"增强"的虚拟数字层套在真实世界之上,用户看到比以往肉眼看到的更为"增强"的世界。比如,不需要用户肢体触摸,可自动识别跟踪物体。又比如,肉眼看上去的一座商场,通过AR技术可以透过砖瓦看到目前商场的人流、打折信息。当然,前提是真实的商城,而不是虚拟的。某些特殊情况下的虚拟场景只是为了方便交互而对真实场景的一种补充。典型的AR设备就是移动端电子设备。

VR技术则重在虚拟,日常应用最广泛的是游戏娱乐方面,可以说是传统游戏娱乐设备的升级版本。类似于游戏制作,创设出一个虚拟场景供玩家体验,通过VR相机、景象制作设备、VR眼镜、计算机软件等成像设备联合提供视觉、听觉、触觉等感官的模拟,从而使人沉浸在一个虚拟的世界中,身临其境,至于是否与真实场景相关,这是不需要关心的。VR技术强调的是沉浸,典型例子是VR游戏和VR直播。

综上所述,AR技术和VR技术的最大区别就在于用户眼中看到的是真实的(AR)还是虚拟的(VR),如图1-29所示。

（a）

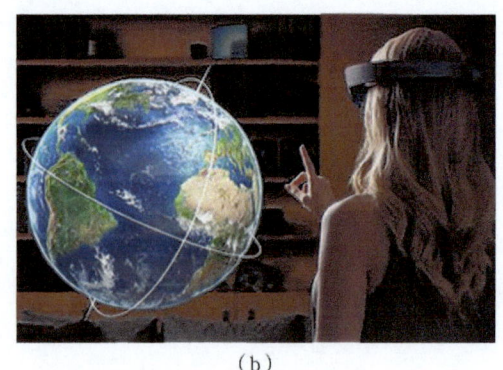
（b）

图 1-29

项目小结

本项目通过与电子商务行业的实际工作结合,较为详细地阐释了商品信息采编的定义及其各工作岗位所需的专业技能,以及商品信息采编未来的发展趋势。读者通过本项目的学习,可以对商品信息采编有初步的理解和认识,也为后期学习商品信息采编的各类拍摄技法奠定坚实的基础。

> **同步实测**

一、思考题

1.根据企业性质的不同,商品信息采编工作的岗位设置分为哪三种类型?

2.为什么天猫在页面设计上采用红色和黑色的经典搭配模式?

3.简述商品信息采编在电子商务中的重要性。

二、实践题

1.在相关电商平台收集 10 种不同类型商品的详情页。

2.试着下载一款虚拟试穿 APP,体验其虚拟试衣功能。

Shangpin Xinxi Caiji yu Bianji

项目2
商品信息采编设计理论

本项目主要是围绕商品信息采编的相关设计理论展开的,视觉色彩的搭配应用包括色彩基本原理、配色原则,视觉文字的设计包括字体的选择、字体的搭配,视觉构图的布局与规划包括构图方法与规律。学习商品信息采编设计的理论知识,可以深入地了解商品信息采编。

1.了解色彩基本原理;

2.掌握配色原则;

3.学会视觉文字的字体选择;

4.学会视觉文字的字体搭配;

5.掌握视觉构图的布局与规划;

6.具备一定的设计构图能力。

任务 2.1
视觉色彩的搭配应用

本任务旨在让读者通过了解视觉色彩的搭配应用方法,对商品信息采编的色彩搭配方式有一定的了解。

2.1.1 色彩基本原理

色彩是绘画的形式因素,是艺术表现的语言之一,具有独立的审美价值。色彩是商品信息采编设计的第一视觉语言,和日常生活有着相当密切的关系,它能使采编设计的造型魅力更加突出。不同的色彩能给受众带来不一样的心理体验,也会起到不一样的效果。如图 2-1 和图 2-2 所示,电子类商品的主图选用蓝色为主色调,以凸显其科技感;而食品类商品的主图往往选用黄色等暖色调,因为暖色调能增加消费者的食欲。要想熟练应用色彩、搭配色彩,首先需要掌握色彩基本原理。

1. 影响色彩的因素

物体有它的固有色,但影响其颜色的因素还有很多。在一个有光的环境里,还要考虑光源的颜色,周围环境中的其他光线也会对物体色彩造成影响,如图 2-3 所示。例如,商场里的服装专柜往往会用黄色的暖光灯,同一件衣服,消费者在商场里试穿和在正常光线下试穿往往会出现视觉

体验上的差异。

图 2-1

图 2-2

2. 色彩的属性

1)三原色

色彩中不能再分解的颜色称为原色。其他颜色都由原色合成。原色只有三种,故称为三原色。色彩三原色为红、黄、蓝三色,如图 2-4 所示。

图 2-3

图 2-4

2)三间色

将三原色中任意两种颜色混合,就得到三间色。三间色为橙色、紫色和绿色,如图 2-5 所示。

红色+黄色 = 橙色

黄色+蓝色 = 绿色

蓝色+红色 = 紫色

图 2-5

3）三次色

一种间色与另一种间色混合得到的复色称为三次色,如图 2-6 所示。

图 2-6

3. 色彩的三要素

色彩的三要素包括色相、明度、纯度,如图 2-7 所示。

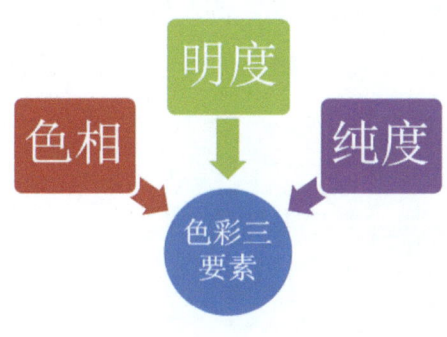

图 2-7

1）色相

色相指每种颜色的相貌与名称。颜色可分为有彩色和无彩色。

有彩色:红色、黄色、橙色、绿色、蓝色、紫色等。

无彩色:黑色、白色、灰色。

不同颜色混合,可以调出各种各样的颜色,将这些颜色排成一个环形,容易理解并方便使用,如图 2-8 所示。

2）明度

明度指色彩深浅层次程度,也叫色彩的亮度。

色彩的明度差别包括两个方面,一是同一色相之间的明度差,如浅黄、黄、橙黄;二是不同色相存在的明度差。不同明度如图 2-9 和图 2-10 所示。

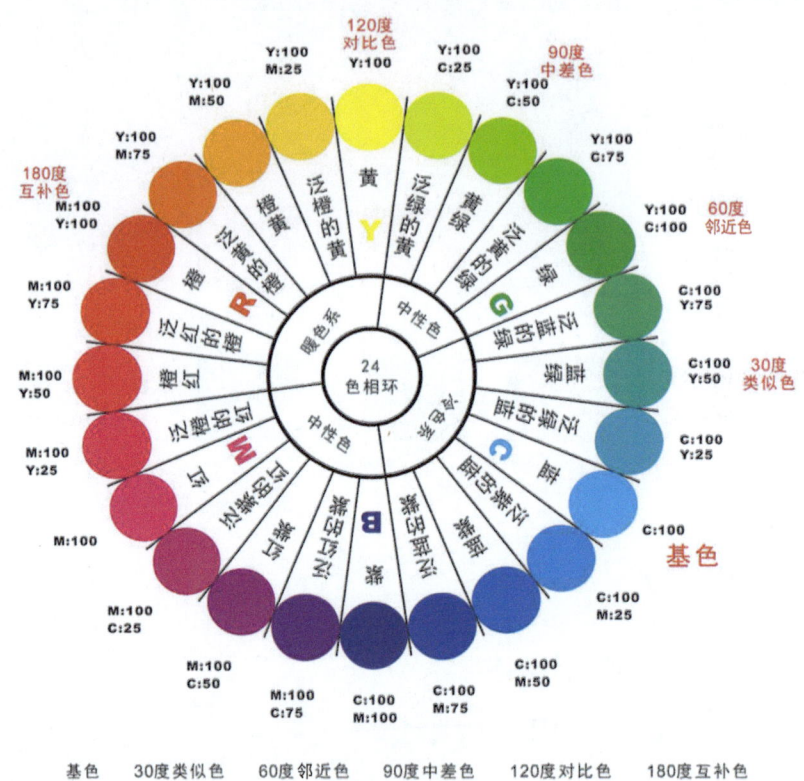

图 2-8

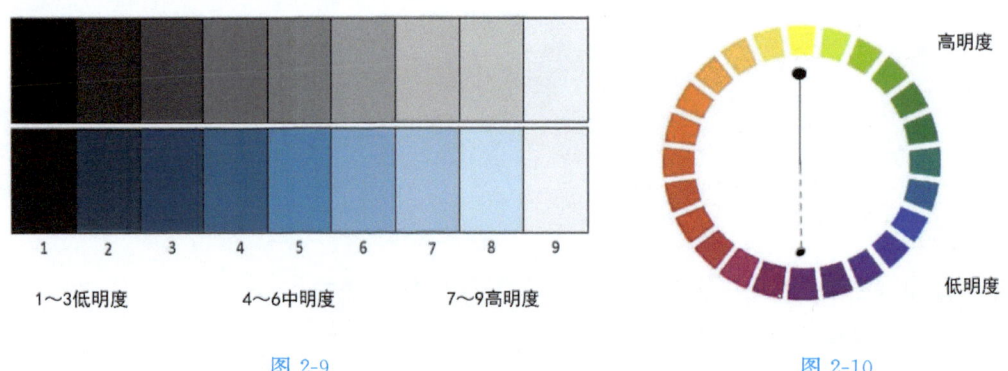

图 2-9　　　　　　　　　图 2-10

3）纯度

纯度指色彩的鲜艳度或纯净饱和的程度，也叫彩度，取决于色彩波长的单一程度。

光谱中各种单色光的纯度为极限纯度，看到的颜色是最纯的。当一种色彩加入黑、白、灰或者其他色彩时，纯度就会降低。不同纯度如图 2-11 所示。

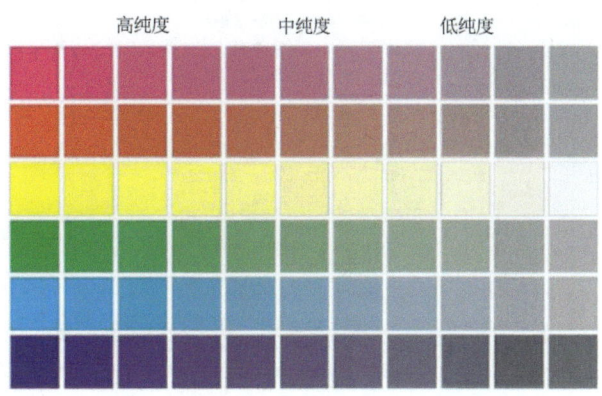

高纯度   中纯度   低纯度

图 2-11

>>> 知识拓展 ......

色彩的概念及产生

一、色彩的发现及概念

17 世纪，英国物理学家牛顿通过科学实验，解开了色彩来源于光的奥秘，即光是色彩之母。由于光的波长不同，因此当太阳光通过三棱镜后便产生不同程度的折射，分解出红、橙、黄、绿、青、蓝、紫这七种颜色，如图 2-12 所示。

图 2-12

从物理学的角度来说，光是一种电磁波。不同波长的单色光引起的人眼睛的感觉是不同的，而这种不同的感觉就是颜色。光的电磁波谱如图 2-13 所示。

二、色彩形成的原因

不同的物体会产生不同的颜色，发光物体发出的光直接或通过物体的反射后间接进入人们的视觉感官。光的波长有长有短，不同物体对不同波长的光是有选择的，同时又具有吸收和反射的功能。

一些物体受光后，会将不同波长的光全部反射出来，这些物体在视觉上呈现白色；相反，有些物体无法反射光，那么就呈现黑色；有的物体只反射红光，那么这个物体就呈现红色。各种物体的

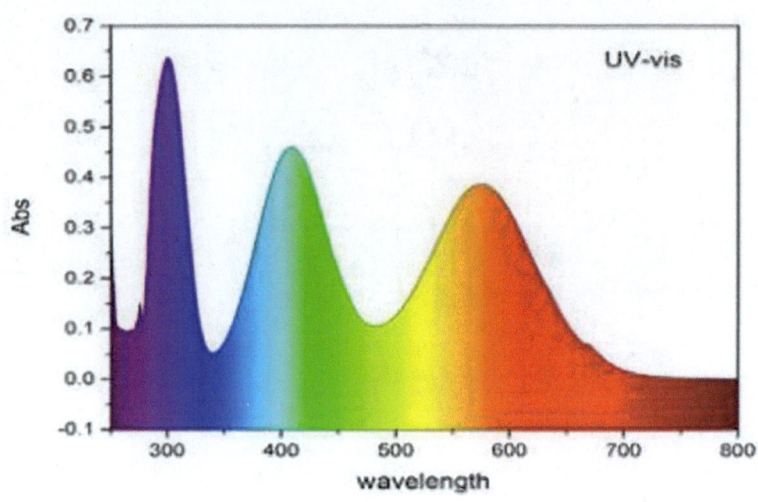

图 2-13

色彩现象就是这样显现出来的。物体本身并不具有色彩,而是光投射到物体后,物体吸收和反射才有了色彩。这一过程如图 2-14 所示。

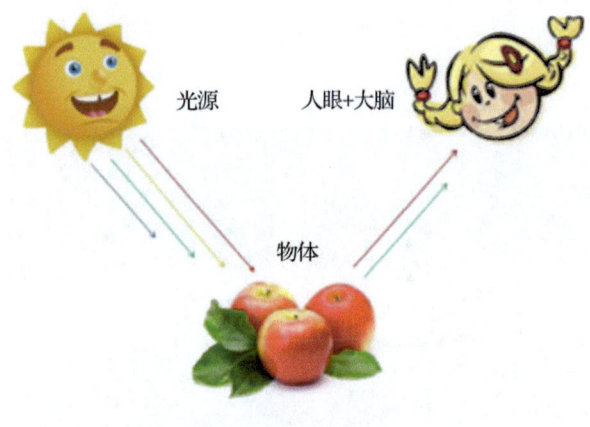

图 2-14

2.1.2　配色基本原则

1. 色调配色

色调配色指具有某种相同性质的色彩搭配在一起,这种配色至少要用三种以上色相。比如相同明度的红、橙、黄、绿、青、蓝、紫搭配在一起,如图 2-15 所示。

图 2-15

2. 近似配色

近似配色即选择相邻或相近的色相进行配色。这种配色方式选择的颜色含有某一共同原色，色相接近，颜色搭配协调、稳定，如图 2-16 所示。单一色相的浓淡搭配称为同色系配色。

3. 渐进配色

渐进配色即按色相、明度、纯度三要素之一的程度高低依次排列颜色。这样排列的色调沉稳且醒目，尤其是色相和明度的渐进配色，如图 2-17 所示。彩虹既是色调配色也是渐进配色。

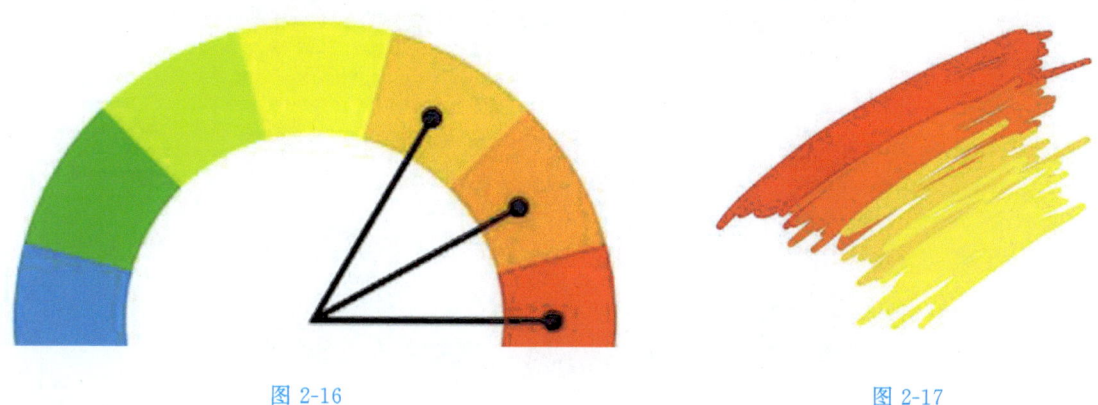

图 2-16   图 2-17

4. 对比配色

对比配色利用色相、明度或纯度的反差进行搭配，有鲜明的强弱。明度的对比能给人明快清晰的印象。明度上的对比是否到位在很大程度上影响到配色是否成功。对比配色如红配绿、蓝配紫。

5. 单重点配色

单重点配色让两种颜色形成面积上的反差，如图 2-18 所示。

图 2-18

6. 夜配色

夜配色是指明度高或鲜亮的冷色与明度低的暖色配在一起,较为神秘、遥远,充满异国情调和民族风情。如图 2-19 所示,为了凸显商品,选择深红色花朵与浅蓝色桌面作为背景,使得整个背景具有较强的色彩反差,产生一种神秘风情,让商品更有吸引力。

图 2-19

>>→ ▌知识拓展▌ ....

不同颜色的含义

不同的色彩有不同的意味、风格:

红色代表活跃、热情、勇敢;

橙色代表富饶、充实、未来、友爱;

黄色代表智慧、光荣、忠诚;

绿色代表公平、自然、和平、幸福;

蓝色代表自信、永恒、真理;

紫色代表高贵、优雅、孤独；

黑色代表神秘、黑暗、压力。

任务 2.2
视觉文字的设计

> 任务分析

文字是商品信息采编设计中必不可少的组成部分。文字设计的好坏直接影响到商品信息采编设计传达的效果。本任务通过讲解视觉文字的设计原则让读者加深对商品信息采编设计的了解。

2.2.1　字体的选择

字体种类繁多，字形各异，在商品信息采编设计中，选择合适的字体可以使要突出的内容更加鲜明。选择合适的字体需经过以下步骤。

1. 了解字体特征

在商品信息采编设计中，版面的好坏直接由字体运用决定，选用合适的字体能准确地传达信息和美感。初学者常常因为字库字体太多不知道该选择哪种，或者对字体的自我判断太强，从而导致设计作品画面感档次低。提前了解各字体的特征，可以方便选择。

常见的字体选择误区有：

（1）字体样式过多，画面凌乱，如图 2-20 所示。

（2）选择的字体种类过多，信息层次混乱、缺少主次，如图 2-21 所示。

图 2-20

图 2-21

在选择字体之前,需要对字体有一个充分的认识。英文字体大致分为衬线体、无衬线体、手写体和花体。中文字体一般分为宋体、黑体、圆体、篆书、隶书、草书、行书。在日常编辑设计中,主要接触中文字体,所以下面主要对中文字体做简单的介绍。

1)宋体

(1)宋体风格。

宋体具有西式笔触,高雅、有格调。宋体感情色彩浓厚,具有历史感,文化底蕴深厚、灵秀、有气质。

(2)宋体的适用范围。

粗体的宋体字醒目,具有强烈的画面感,可突出强调信息。细体的宋体字雅致,适用于时尚品牌、奢侈品行业。

(3)常用宋体。

常用宋体有思源宋体、造字工房尚雅、造字工房俊雅、造字工房刻宋、日本花园明朝体、装甲明朝体等。

宋体运用如图 2-22 和图 2-23 所示。

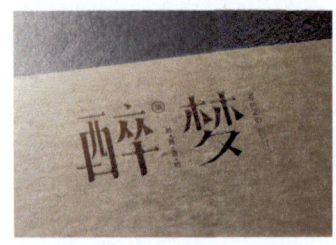

图 2-22　　　　　　　　　　　　　　　图 2-23

2)黑体

(1)黑体风格。

黑体具有现代感,方正简洁,情感表达浅,运用广泛。

(2)黑体的适用范围。

粗体的黑体字醒目突出,画面感强烈,可突出强调信息。细体字简洁精致,适用于时尚品牌、科技领域等。

(3)常用黑体。

常用黑体有思源黑体、阿里巴巴普惠体、汉仪旗黑、微软雅黑、方正兰亭黑简体、蒙纳简黑体、文泉驿字体。

黑体运用如图 2-24 和图 2-25 所示。

3)圆体

(1)圆体风格。

圆体具有亲切感,可爱,边角饱满且圆润。

图 2-24　　　　　　　　　　　　　　　　　图 2-25

（2）圆体的适用范围。

当文字篇幅过大时,尽量不要使用。一般适用于儿童、活泼的活动。

（3）常用圆体

常用圆体有思源柔黑、锐字云字库圆体、方正兰亭圆体、腾祥嘉丽圆简体、蒙纳简圆体、王汉宗简圆体。

圆体运用如图 2-26 和图 2-27 所示。

图 2-26　　　　　　　　　　　　　　　　　图 2-27

4）书法体

(1)书法体风格。

书法体造型丰富、自由性强,笔触洋洋洒洒,冲击感强烈,感情色彩浓厚。

(2)书法体的适用范围。

不建议将书法体用于大篇幅文段,一般用于标题。书法体具有较强的手写体风格,适用范围有一定的局限性。

（3）常用书法体。

常用书法体有篆书、隶书、楷书、草书、行书。

书法体运用如图 2-28 和图 2-29 所示。

图 2-28   图 2-29

5）艺术体

(1)艺术体风格。

艺术体具有很强的创造性、较丰富的感情和一定的局限性。

(2)艺术体的适用范围。

艺术体一般用于标题，文章篇幅较大时不使用。它适用于创造性强的文化艺术作品。

(3)常用艺术体。

常用艺术体有综艺体、卡通体、涂鸦体等。

艺术体运用如图 2-30 和图 2-31 所示。

图 2-30   图 2-31

2. 选择与主题搭配的字体

要选择合适的字体，首先需要明确设计项目的主题，具体需要明确以下三点：

(1)项目面向什么样的目标人群；

(2)设计风格是什么;

(3)需要突出的重要信息有哪些。

这三点分别决定:

(1)字体使用多大字号;

(2)字体种类;

(3)不同信息的字重比例。

在学习了上面的方法之后,下面根据所学内容进行举例分析。

案例1(见图2-32):

目标人群:想感恩母亲的人。

设计风格:亲切、温馨、感恩。

重要信息:表示感谢。

画面想表达对母亲的感谢,营造一种亲切、温馨感,字体可以选择圆体,因为圆体饱满、圆润,可以给人带来亲切感,且圆体感情较为丰富,适合在节日表示感谢。

案例2(见图2-33):

图2-32　　　　　　　　　　　　　　　　图2-33

目标人群:对防晒霜有购买需求的白领。

设计风格:简约、有格调。

重要信息:防晒霜。

画面需要避免不必要的烦琐,让人感觉到清凉而不是燥热;字体为简单的宋体,加粗使"防晒霜"得以凸显;以单一的蓝色为主色,让人感觉到"水分""防晒"。

>>>◎ ▌动手一试▌ ......

选定一主题,根据选定的主题选择并设计版面上的字体。

2.2.2　字体的搭配

字体的选择是文字设计中的重要部分,而字体搭配也必不可少。字体搭配的效果直接影响到视觉效果。字体的搭配技法如下。

1. 大小排版搭配

文字的大小搭配十分重要,对主标题和重要信息应当放大处理,如图 2-34 所示。对于重点信息也可将数字、标点放大作为装饰。

2. 色彩色块搭配

(1)通过色彩对比来突出重点;

(2)通过色块来隔开不同版面,区分不同层级;

(3)通过色块填补空白。

色彩色块搭配如图 2-35 所示。

图 2-34　　　　　　　　　　　　　　　　图 2-35

3. 间距疏密搭配

文字的疏密关系对整个版面影响很大。密给人一种紧张感,疏给人一种轻松感。过于拥挤的文字使画面看起来凌乱,且不利于对信息的理解,太松散的文字加大了阅读难度。如图 2-36 所示,设计者缩小了主标题的字间距,放大了副标题的字间距,形成了疏密关系的对比,使画面更加和谐。

图 2-36

4. 文字裁剪搭配

将文字进行裁剪,裁剪的同时,要保留文字的可识别性,但对于装饰性文字,则可以随意裁剪,如图 2-37 所示。

5. 前后叠加搭配

将文字进行叠加处理,产生空间感,通过色相、色重或背景反差来呈现。字体使用要注重粗细搭配,颜色区分不应太多,注意突出重点信息,如图 2-38 所示。

图 2-37

图 2-38

6. 立体空间搭配

通过字体变化产生空间立体感,视觉冲击力强,如图 2-39 所示,要注意透视与虚实的关系。

7. 编排方向搭配

使用不同的排版方向,可以横竖交替,也可以倾斜排版,使得画面具有动感,引导力强,如图 2-40 所示。

图 2-39

图 2-40

8. 动静结合搭配

动静是相对的,通过动静对比可使画面更有活力,但是要注意把握整体的和谐性,如图 2-41 所示。

图 2-41

>>→ |知识拓展| ......

商品信息采编设计字体运用的注意事项

1.选择简明易读的字体,避免太多字体挤压在一起。

2.将需要强调的内容放大。

3.控制好字体间距。

4.合理选择配色。

5.提高文字与图片之间的对比度。

6.使用有一定对比度的配色,采用稳固的排版框架。

7.避免盲目追逐流行,创造自己的风格。

任务 2.3
视觉构图的布局与规划

> **任务分析**

通过上面两个任务的学习,我们已经了解了视觉色彩的搭配运用、视觉文字的设计原则,并掌握了一些字体搭配技巧。下面将对这些内容进行整合,进行视觉构图的布局与规划。

2.3.1 商品信息采编设计视觉构图

1.概念

商品信息采编设计构图,即根据商品信息将需要的文字、图片、色块等进行排列和组合,运用美学知识进行编排设计,从而传达出商品信息。

2.目的

对各类主题的版面实施艺术化或秩序化的编排处理,以吸引消费者注意。

3.构图遵循的原则

1)思想性、单一性

要充分体现主题思想,主体要突出,整体版面单纯、简洁。如图 2-42 所示为一款手机的商品信息采编设计构图,使用加粗放大字体清晰地写出商品主题思想:"多姿多彩每一天"和"无线到底",

整体版面设计条理清晰,将手机的突出特点加以展示,使人一目了然。

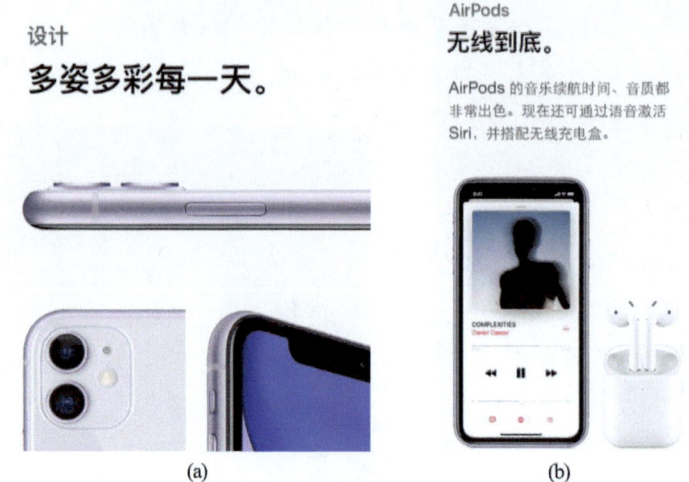

图 2-42

2)画面艺术性

将要表现的文字、图片等通过一系列组合和排列,用艺术的表现方式体现强烈的视觉效果。如图 2-43(a)所示为一款饮料,将色彩鲜艳的瓶身与艺术性文字结合,视觉效果强烈;图 2-43(b)所示为一款纸巾,三张图片分别配有一段文字,使商品功能一目了然。

图 2-43

3)整体性、条理性

设计需做到主次、轻重分明,视觉设计手段的运用需要与设计内容一致,版面要条理清晰。如图 2-44 所示为一款按摩机的商品信息采编设计构图,图中大部分画面采用灰色,有一种强烈的科技感,用红色火焰填充按摩机内部,突出该商品"两挡热敷设计"的新颖之处,画面主次分明。

图 2-44

2.3.2　构图方法与规律

1. 明确视觉中心

人们对版面中不同内容的关注度不同,人们的心理感受决定了画面中最受关注的地方,这就是视觉中心,如图 2-45 和图 2-46 所示。一般画面上部使人感到积极,下部使人感到压抑;左侧使人感到舒服,右侧使人感到稳重。

图 2-45　　　　　　　　　　　　　　　图 2-46

2. 明确运动倾向

人们观察运动的物体,视线往往会略微靠前,在构图中应为运动方向留空,如图 2-47 所示。

图 2-47

3. 运用节奏

在设计中各种文字、图片的随意堆积只能使画面看起来杂乱无章,主题不突出,如图 2-48 所示。合理安排画面节奏,能使画面简洁明了,如图 2-49 所示。

图 2-48　　　　　　　　　　　　　　　　　　图 2-49

4. 特殊构图方法

(1)黄金分割法,就是把一条线段分成两部分,较短线段与较长线段之比为 0.618,如图 2-50 和图 2-51 所示。

(2)九宫格构图法,就是将画面分割成 9 个大小相等的方块,中心方块四个角点中的任意一个作为主体位置,如图 2-52 所示。

(3)三角形构图法,即以三角形为基本形状构图,如图 2-53 和图 2-54 所示。三角形构图具有安定、均衡、灵活的特点。三角形可以是正三角形也可以是斜三角形或倒三角形,其中斜三角形构图较为灵活,所以较为常用。

图 2-50

图 2-51

图 2-52　　　　　　　　　　　图 2-53　　　　　　　　　　　图 2-54

（4）对角线构图法，即将画面的两个对角连成一条引导线，将画面沿着引导线进行布局，如图 2-55 所示（图中黑线为对角线）。引导线可以是直线、曲线，也可以是折线等，只要是整体画面往两个对角延伸，都为对角线构图法。

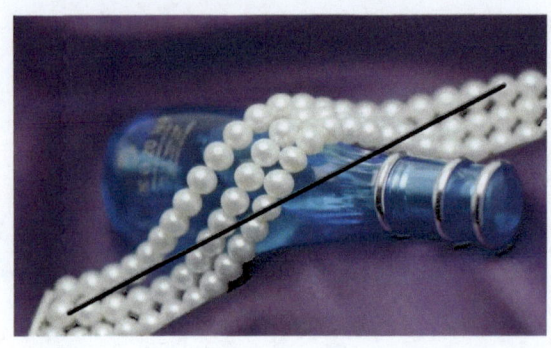

图 2-55

（5）中央构图法，指将主体事物安排在画面中心进行拍摄的方法，如图 2-56 所示。

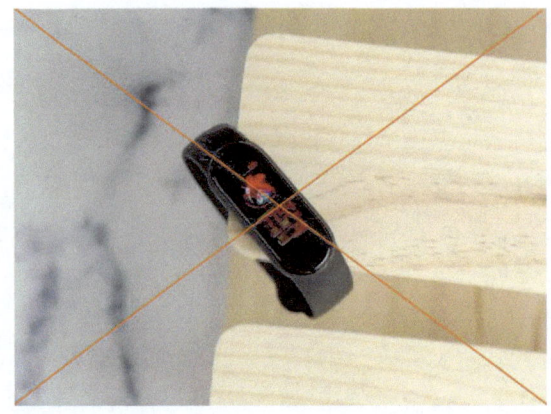

图 2-56

> **项目小结**

　　本项目通过讲解视觉色彩的搭配运用、视觉文字的设计以及视觉构图的布局与规划，向读者展示了商品信息采编版面的设计方法。通过对本项目的学习，读者可以初步学会页面设计的基本技巧，为今后商品页面的设计制作奠定基础。

> **同步实测**

1. 简述配色基本原则。
2. 字体的搭配技法有哪些？各有什么优势？

Shangpin Xinxi Caiji yu Bianji

项目3
商品拍摄前期准备

> **项目概要**

在了解了商品信息采编工作的基本情况后,就进入商品拍摄的环节。本项目将详细介绍拍摄器材的选择、拍摄技巧以及拍摄环境的选择。学习商品拍摄,可将产品的形状、颜色、大小、用途和材质展现出来,便于消费者了解商品。

> **学习目标**

1.掌握相机的相关基础知识及拍摄技巧;
2.掌握商品拍摄布局的知识及技巧;
3.掌握商品拍摄光源布置的知识及技巧;
4.熟悉商品的拍摄环境;
5.具备一定的创新意识和构图意识。

任务 3.1
商品拍摄器材的选择

> **任务分析**

在商品拍摄中,最主要的工具是单反相机。本任务将详细介绍相机的类型、相关结构及功能、配件等内容。

3.1.1 挑选数码相机

1. 相机的类型

1)卡片机

卡片机是一款外形小巧、机身较轻的数码相机,就像卡片一样,可以轻松装进口袋,拥有其他相机不具备的超高的便携性,如图 3-1 所示。但受限于机身,镜头做不大,照片拍摄质量不高,同时随着智能手机的普及,人们对卡片机的需求逐渐消失,毕竟手机就能解决的事情,没有必要再带一部卡片机。

2)微单相机

微单相机即微型单电相机,顾名思义,具有小巧便携的特点,如图 3-2 所示。其是介于数码单反相机和卡片机之间的跨界产品,没有反光镜配置,可以更换镜头。其因良好的便携性以及不错的画质,成为商品拍摄最简便的工具。

图 3-1　　　　　　　　　　　　　　　　　　图 3-2

3)数码单反相机

数码单反相机也叫单镜头反光数码相机,如图 3-3 所示。它只有一个镜头,兼具取景和成像的作用,使景观窗中所看到的影像和胶片上的一样,取景范围和实际拍摄范围基本一致,消除了视差现象。单反相机的镜头可以更换,具有反光板结构,广角效果差,长焦出色。

图 3-3

2. 数码单反相机的结构及功能

(1)机身正面结构,如图 3-4 所示。

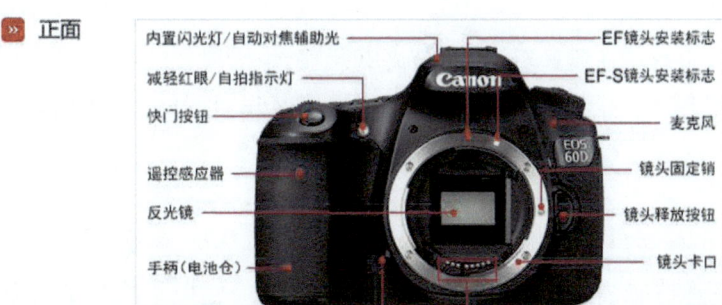

图 3-4

（2）机身背面结构，如图3-5所示。

图 3-5

（3）机身顶部结构，如图3-6所示。

（4）镜头结构，如图3-7所示。

图 3-6

图 3-7

3.1.2　相机相关配件

1. 遮光罩

遮光罩是安装在摄影镜头前端，遮挡有害光的装置，是最常用的相机配件之一，如图3-8所示。遮光罩有多种材质，如金属、软胶、硬塑等。不同相机的遮光罩型号是不同的，不能交换使用。

2. 三脚架

三脚架（见图3-9）的主要作用在于稳定相机，以达到某种摄影效果。三脚架对于数码相机的拍摄非常重要，尤其是拍摄夜景或需要长曝光时间时，要求相机不能抖动，这时就需要三脚架的帮助。

3. 快门线

快门线(见图 3-10)是一种可以控制相机拍摄的装置,常用于远距离控制拍照、曝光、连拍等,一头接在快门上,一头用手按动,从而防止接触相机表面导致振动,从而破坏画面的完整性。

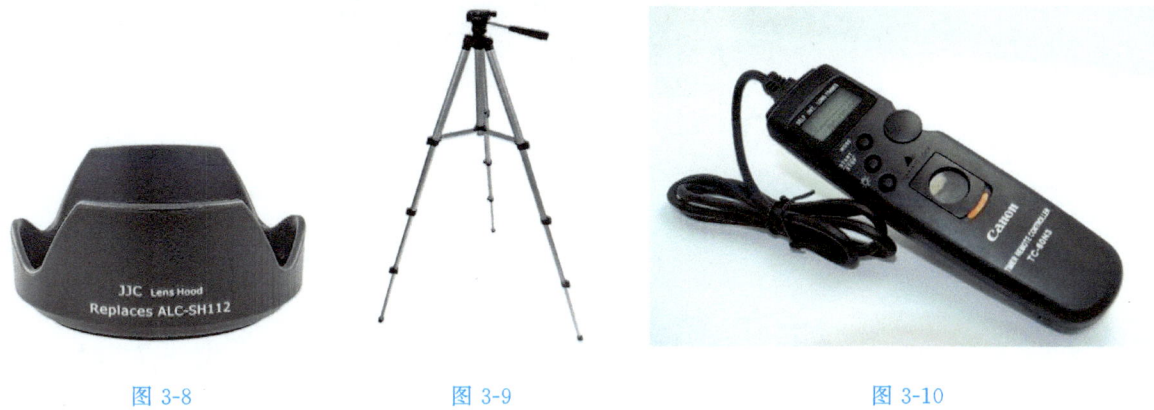

图 3-8　　　　　图 3-9　　　　　图 3-10

4. 闪光灯

闪光灯(见图 3-11)是指在摄影时所使用的人造光源,是照相感光的摄影配件,多用于光线较暗的场合的瞬间照明,也可以用于光线较亮的场合给拍摄对象进行局部补光,其携带方便、性能稳定。

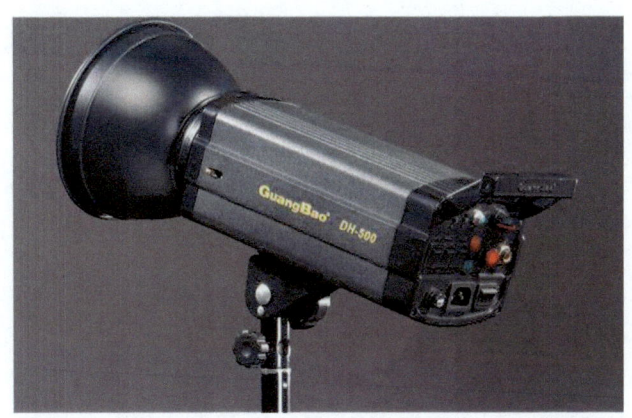

图 3-11

5. 滤镜

滤镜主要是指安装在相机镜头前用于过滤自然光的附加镜头,有多种类型,如红镜、黄镜、绿镜、橙镜及天光镜、UV 镜等,如图 3-12 所示。通过使用滤镜,可以非常方便且快捷地控制整个照片的"情绪"。随着数码影像技术的不断发展,也可以通过后期处理的方式来为自己的照片增加滤镜效果,但是,仍然有些滤镜效果(如 UV 镜等)是很难被后期软件模拟出来的。

图 3-12

任务 3.2
数码相机的操作要点

> **任务分析**

　　商品拍摄是商品信息采编工作中最基本的一环,想要拍出美观、吸引眼球的商品照片,其中最关键的就是掌握相机的使用技巧。数码相机有着较为专业的性能,包括快门、光圈、感光度、白平衡等,本任务主要就相机的操作要点进行一一介绍。

3.2.1　相机基本设置与工作模式

　　相机的基本设置与工作模式,主要是指相机的相关参数的设置与选择。下面就相机常用的主要参数,如曝光模式、白平衡、感光度、对焦、光圈、景深、快门、曝光补偿等内容进行详细介绍。

1. 曝光模式

　　曝光模式通常分全自动曝光模式(AUTO 或绿色方框)、手动曝光模式(M)、快门速度优先曝光模式(S 或 Tv)、光圈优先曝光模式(A 或 Av)、程序曝光模式(P)、B 挡快门模式(B)等,如图 3-13 所示。照片的好坏与曝光量有关,而曝光量与快门速度、光圈大小有紧密的关系。

　　(1)全自动曝光模式(AUTO 或绿色方框),这种模式下,相机的相关参数都是自动设置的。

　　(2)程序曝光模式(P),这种模式下,相机自动设置快门速度和光圈值,至于其他的白平衡、感光度、曝光补偿等参数可手动设置。

　　(3)快门速度优先曝光模式(S 或 Tv),这种模式下,可以设置快门速度,相机自动设定光圈值以获得正确的曝光。这一模式常用于拍摄动态的事物。

　　(4)光圈优先曝光模式(A 或 Av),这种模式与上述的快门速度优先曝光模式正好相反,可以

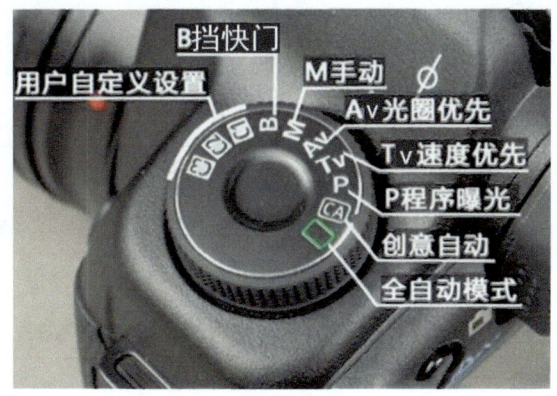

图 3-13

手动设置光圈值,相机自动设置快门速度以获得正确的曝光,这一模式可以有效控制景深的大小。

(5)手动曝光模式(M),这种模式下,可以根据需要设定快门速度和光圈值。

(6)创意自动模式(CA),这种模式下,可通过简单的操作控制设置,如背景虚化、驱动模式和闪光灯是否闪光等,从而获得符合意图的效果,是比全自动模式有所进阶的模式,可以拍得更具个性。

(7)B 挡快门模式(B),这种模式下,按下快门键不松手,快门保持打开状态,松开快门按键,快门就关闭。这样,曝光的时间长度完全由拍摄者自己控制。在使用 B 挡快门模式时,由于曝光时间较长,最好用快门线控制,并把相机固定在三脚架上,这样可以保证曝光过程中相机有较好的稳定性。

(8)用户自定义设置:一般分为 C1、C2、C3 三种模式,其中,"C"是英文"用户、消费者"的首字母。在这种模式下,用户可以将自己最常用的拍摄设置、某一场合成功拍摄的设置、最有价值的数据组合等,用写入档案的手段记录在相机里,到了认为"可以拿出来"的时候调出来进行拍摄。例如,可以把 C1 设置为舞台拍摄,C2 设置为人像拍摄,C3 设置为自然景物拍摄等。该功能可快速完成拍摄参数的设置,省去了许多过程和操作。

2. 白平衡

白平衡是显示器中红、绿、蓝三基色混合后生成白色精确度的一项指标。它是反映拍摄事物色彩状况的重要参数,即在不同光照条件下,拍摄事物能够呈现出人类肉眼所见的正常白色。常见的白平衡模式有自动、白炽灯、日光、阴天、闪光灯等模式,如图 3-14 所示。各模式的适用场景如表 3-1 所示。

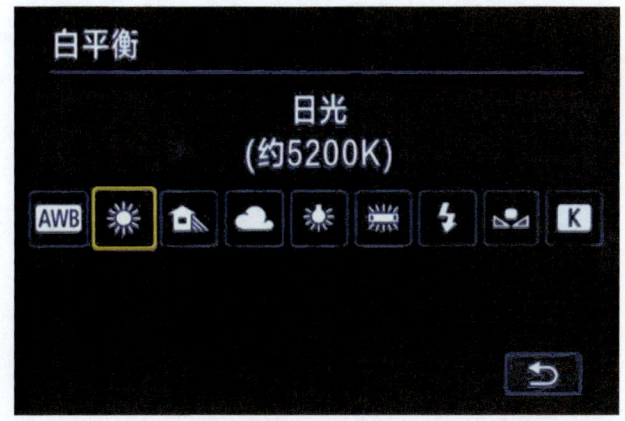

图 3-14

表 3-1

模　式	说　明
自动	AUTO 或 AWB,相机自动调整白平衡
白炽灯	进行色彩校正,照片会偏黄、偏红
荧光灯	照片色彩偏差,注意区分荧光灯类型(冷白、暖白)
日光	常用于户外拍摄
阴天	用于阴天或多云天气的户外拍摄
阴影	拍摄事物处于阴影中,对阴影处冷色进行补偿
闪光灯	可对偏蓝色的闪光灯光线进行补偿
手动	根据光源特点手动设置白平衡

3. 感光度

感光度又称为 ISO 值,如图 3-15 所示,是衡量底片对于光的灵敏程度的数值。调高感光度可以增加照片的亮度和噪点。

4. 对焦

对焦是指通过相机的对焦机构变动物距与相距,从而使得被拍摄物成像清晰的过程,如图 3-16 所示。通常,单反相机的对焦方式有自动对焦、手动对焦、多重对焦等,在拍摄时,主要瞄准被拍摄主体,半按快门就能够完成对焦。

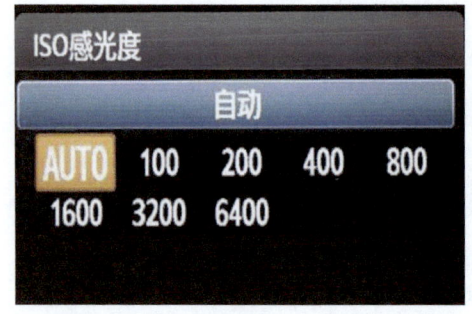

图 3-15

(a)　　　(b)

图 3-16

5. 光圈

光圈是一个用来控制光线透过镜头进入机身内感光面的光量的装置。它一般放置在镜头内,通过在镜头内部加入多边形或圆形以及面积可变的孔状光栅来控制镜头的通光量。通常用 F 值来表示光圈大小,如图 3-17 所示。

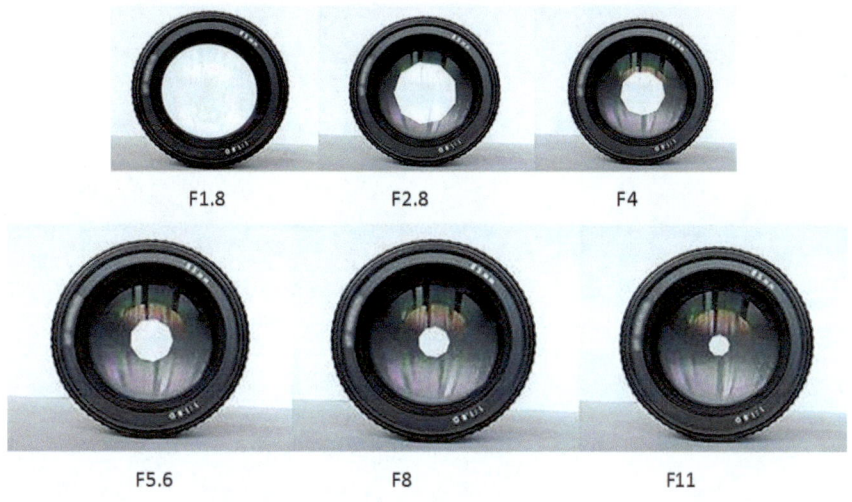

图 3-17

6. 景深

景深是指当镜头对焦时,被拍摄对象及其前后可以清楚成像的距离范围,如图 3-18 所示。

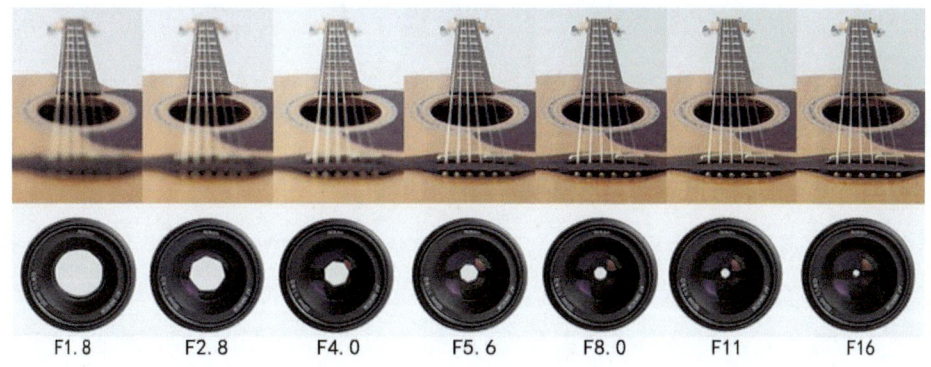

图 3-18

7. 快门

快门是镜头前阻挡光线进入的装置。通常来说,快门的时间范围越大越好。快门速度的单位是秒,单反相机常见的快门速度有 1/4、1/8、1/20、1/125、1/500 等。如图 3-19 所示,左图是用 1/20 秒拍摄,而右图是用 1/2 秒拍摄,可见快门速度可对某些题材产生不同的视觉效果。

8. 曝光补偿

曝光补偿也称为 EV(曝光值)调整,是指在摄影过程中通过对曝光值的调整来达到最佳摄影效果的一种技术手段,如图 3-20 所示。

图 3-19

曝光补偿+2　　　　曝光补偿0　　　　曝光补偿-2

图 3-20

3.2.2　相机的操作使用方法

相机的操作使用方法包括相机的握持方法及相关的构图方式,这些都是相机操作和使用需要掌握的基本技能。

相机的握持方法分为水平握持和竖直握持,如图 3-21 所示。同时,可以将相机的背带挂在手上或脖子上加以固定,如图 3-22 所示。

水平拍摄　　　　　　　　　　竖直拍摄

图 3-21

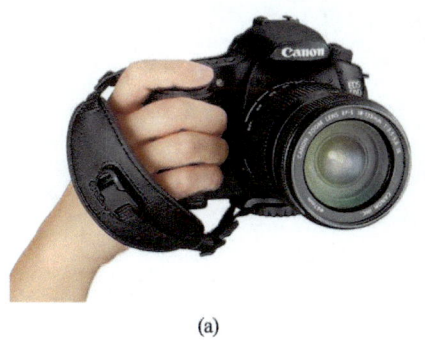

(a)　　　　　　　　　　(b)

图 3-22

任务 3.3
商品拍摄的环境搭建

任务分析

　　摄影是一门用光的艺术。拍摄光线和环境对商品的呈现尤为重要,合适的拍摄光线和环境可以使商品真实地展现在买家面前。在实际拍摄中,光线的方向是复杂多变的,主要分为顺光、侧光、顶光等。拍摄环境则是根据室内和室外的不同情况,通过背景板、静物台、灯光照明等摄影工具的有机组合形成。这些内容都将在本任务中一一讲解。

3.3.1　商品拍摄的布光方式

1. 顺光

　　顺光即从正面照射被摄物体的光。被摄物体朝向镜头的一面受到均匀的光照,投影在物体背后,画面几乎没有阴影,明暗差别小。使用顺光可以清楚地拍摄出颜色和形状,如图 3-23 所示。顺光拍摄的主体是均匀受光的,光影变化不明显,照片立体感不强。

2. 侧光

　　侧光即从侧面照射物体的光。凡是自被摄物的左右侧面打来的光,都可以泛称为侧光。被摄物体投影落在侧面,明暗影调各占不同比例。侧光能使被摄物体产生清晰的轮廓,并在主体上形成强烈的阴影,因此,侧光拍摄手法多用于拍摄层次分明、立体感较强的物体,如图 3-24 所示。

图 3-23   图 3-24

3. 顶光

顶光即从物体顶部照射的光线。被摄物体顶部明亮,下部阴影明显,物体的亮度差距大,缺乏层次感,如图 3-25 所示。

4. 常见的布光方式

1)正面两侧布光

正面两侧布光是商品拍摄中最常用的布光方式,光线投射全面、均衡,拍摄商品效果全面。图 3-26 所示为正面两侧布光示意图。

图 3-25   图 3-26

2)两侧 45 度角布光

被摄商品的顶部受光,正面不受光,适合拍摄外形扁平的商品。图 3-27 所示为两侧 45 度角布光示意图。

3)单侧 45 度角的不均衡布光

被摄商品一侧出现大面积阴影,底部也有较深的投影,减少了环境光线,商品细节难以展示。

图 3-28 所示为单侧 45 度角的不均衡布光示意图。

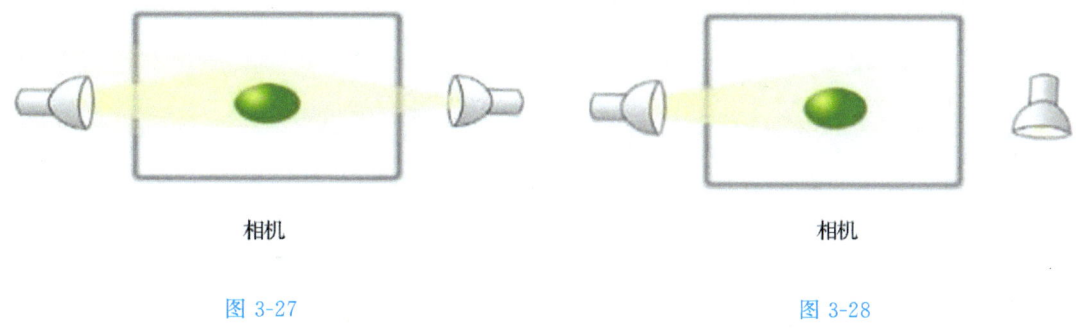

相机

图 3-27

相机

图 3-28

3.3.2　商品拍摄的场景布置

1. 商品拍摄常见的辅助器材和工具

1）柔光箱

柔光箱是摄影器材,由反光布、柔光布、钢丝架、卡口四部分组成。它不能单独使用,属于影室灯的附件。柔光箱装在影室灯上,发出的光更柔和,拍摄时能消除照片上的光斑和阴影。柔光箱如图 3-29 所示。

2）静物台

静物台主要用来拍摄小型商品,相当于一张桌子,其上覆盖了一张半透明的大型塑料板,用于扩散光线以便于消除阴影、布光照明。其主体高度能进行调节,放置塑料板的支架可以在一定角度内转动。静物台如图 3-30 所示。

图 3-29

图 3-30

3）反光板

反光板是拍摄时所用的照明辅助工具。反光表面不同，产生的光线的软硬不同。反光板面积越大，效果越好。根据不同环境使用反光板，可以让平淡的画面变得更加饱满，体现出良好的影像光感、质感。同时，利用它适当改变画面中的光线，有利于突出画面主体。反光板如图 3-31 所示。

4）背景板

背景板在商品拍摄时充当背景。应当针对不同商品的颜色选择不同的背景板。背景板如图 3-32 所示。

图 3-31

图 3-32

5）简易摄影棚

简易摄影棚搭建方便，省钱省时，简单安装后即可使用，是当下较为流行的摄影设备，如图 3-33 所示。这类设备适合拍摄小件商品，如手办、文具、首饰、小件食品等。

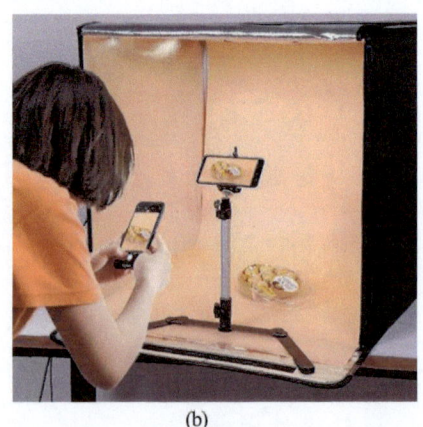

(a)

(b)

图 3-33

2. 小件商品的拍摄环境

小件商品适合在较小的环境空间进行拍摄,因为商品体积小,拍摄的过程中占用面积小。可以用如图 3-34(a)所示的微摄影棚进行拍摄。(如果没有微摄影棚,我们可以用洁白的桌面或布匹,或者白纸代替。)图 3-34(b)所示为小件商品的拍摄效果。

(a)　　　　　　　　　　　　　　　(b)

图 3-34

3. 大件商品的拍摄环境

大件商品的拍摄应当选择空间较大的场地,室内、室外都可以。

1)室内拍摄

对大件商品进行室内拍摄,应尽量选择整洁且为单色的背景,照片里最好不要出现其他不相关的物体(为了衬托商品而使用的参照物或配饰除外)。室内拍摄对拍摄场地的背景布置、灯光布置等都有要求,只有满足了这些拍摄条件才能拍出具有专业感的照片,如图 3-35 所示。

图 3-35

2）室外拍摄

大件商品的室外拍摄需要有合适的环境或应用场景来作为背景，可通过自然光和反光板来补光拍摄，使拍摄的效果更加自然，如图 3-36 所示。如服装可在街角、流行商铺等地方进行拍摄。

图 3-36

> **项目小结**

本项目通过初步介绍商品拍摄的基本知识、常用技巧，讲解了相机的使用方法及摄影用光和环境等相关知识，从而为设计商品的拍摄方案奠定坚实的基础。

> **同步实测**

1.相机的使用方法有哪些？

2.常见的布光方式有哪些？

3.使用静物台、柔光箱等辅助工具，自选一台相机，将手机作为商品拍摄照片（至少 3 张）。

Shangpin Xinxi Caiji yu Bianji

项目4
商品拍摄方案设计

> **项目概要**

商品拍摄作为整个商品信息采编过程中的重要一环,对之后的图片美化及详情页制作起着非常关键的作用。本项目主要讲解吸光、反光、透光三种材质商品的拍摄,以及商品拍摄方案设计的理论和实际操作。通过本项目的学习,读者能够掌握商品拍摄的基本流程和技巧,为更好地完成图片美化工作打下基础。

> **学习目标**

1.掌握吸光材质商品的拍摄方法;

2.掌握反光材质商品的拍摄方法;

3.掌握透光材质商品的拍摄方法;

4.了解商品,能够分析商品的主要卖点;

5.掌握光源布置、环境布置的技巧,学会设计商品拍摄的整体思路;

6.具备一定的创新意识、构图意识。

任务 4.1
不同材质商品的拍摄方法

> **任务分析**

本任务主要讲解吸光、反光、透光商品的拍摄方法。

4.1.1　吸光材质商品的拍摄方法

1. 吸光材质商品概念

吸光类商品表面结构粗糙,如皮毛制品、棉麻制品等。如图 4-1 所示,布鞋和硅胶类制品都是常见的吸光材质商品。

2. 拍摄方法

为了表现出吸光类商品的质感,拍摄时要使用稍硬的光线照明,以侧光、侧逆光为主;过柔、过散的顺光,尤其是顺其表面结构纹理的顺光,会弱化商品表面的质感,所以照射角度应当放低;如果是拍摄表面结构十分粗糙的裘皮、石雕等,可以用更硬的直射光直接照明,比如用聚光灯、闪

图 4-1

光灯、太阳光直射。这种硬光的光线锐利,在凹凸不平的表面会产生细小的投影,能够增强其质感的表现力,使商品的表面出现明暗起伏的结构变化,增加立体感。

4.1.2　反光材质商品的拍摄方法

1. 反光材质商品概念

反光商品即表面光滑的商品,如金银、瓷器、漆器、电镀制品等,这些商品的表面结构光滑,单向反射能力强。如图 4-2 所示,电水壶的壶身和瓷器都是反光材质。

(a)

(b)

图 4-2

2. 拍摄方法

拍摄反光类商品时应采用柔和的散射光线进行照明,也可以采取间接照明的方法,均匀、柔和的光线能够有效地降低其表面的反光度,使其色调更加丰富,从而表现出光滑的质感,所以可使用柔光箱、反光板和硫酸纸这类光扩散工具来柔化光线,用反射光来照亮商品。

4.1.3　透光材质商品的拍摄方法

1. 透光材质商品概念

透光材质商品一般既有透光特性,又有反光特性,其表面非常光滑,材质透明,能够自由地传导光线而不改变其特征,使其产生玲珑剔透的艺术效果,体现质感,如玻璃器、水晶等。如图 4-3 所示,透明的玻璃杯和 PVC 桌垫都是透光材质。

(a)

(b)

图 4-3

2. 拍摄方法

在拍摄透光材质商品时要采用侧光、侧逆光和底部光等照明方式,利用光线穿过透明材质商品时因厚度不同而产生的光亮差别,使其呈现出不同的光感,来表现清澈透明的质感。因透光体具有反光特性,所以一般不要用直接光照明,而要选择间接光照明,这可以使商品的表面产生少量反光,以便更好地显示其外形和质感。

任务 4.2
吸光类商品拍摄方案设计

> **任务分析**

本任务以一款加湿器为例,通过分析吸光类商品的卖点得出该类商品整体的拍摄思路,并对拍摄的具体流程、拍摄技巧进行讲解,培养读者拍摄这类商品的实际操作能力。

4.2.1　加湿器拍摄思路设计

在正式拍摄前,需要详细分析产品,总结出产品的特色和卖点,根据这些特色和卖点设计拍摄思路。

某款加湿器及其产品介绍如图 4-4 所示。

通过图 4-4 和资料查找可以将这款商品的卖点总结为四点:

(1)轻巧便携:采用个性化椭球体设计,可爱卡通造型,富有美感。体积仅有三个柠檬大小,重量轻,可放置在家中任意地点,也可随身携带。

(2)功能全面:可增加空气湿度,缓解因使用空调导致的皮肤紧绷、口干舌燥。

(3)节能环保:独特的无噪声设计,使产品在工作时不会干扰到正常生活。可任意调节雾量,自动平衡湿度,使用更节能。

(4)防止意外发生:特殊设计使产品不会漏水,且安装有探针,可防止缺水干烧。

图 4-4

通过对加湿器卖点的详细分析,可以从以下三个角度来对加湿器进行拍摄。

1. 整体外观图

该款加湿器线条流畅,便于携带,使用新潮的日韩设计风格,小巧可爱。在拍摄时为了突出这样的卖点,需要对加湿器的整体进行拍摄,一方面可以提高消费者对产品的认知,另一方面有利于提升产品形象。整体展示图如图 4-5 和图 4-6 所示。

图 4-5

图 4-6

2. 局部细节图

在细节上,需要对加湿器的局部进行拍摄。这样能使消费者对本款产品的细节有进一步的了解,并且能展示该加湿器精湛的制作工艺。局部细节图如图 4-7 和图 4-8 所示。

图 4-7

图 4-8

3. 使用场景图

对商品的使用场景进行拍摄,能够让消费者感受到商品在自己的工作或生活环境中工作的场景。使用场景图如图 4-9 和图 4-10 所示。

图 4-9

图 4-10

4.2.2 加湿器拍摄流程

加湿器拍摄展示如图 4-11 所示。

1. 光源设置

两盏柔光灯分别放置于商品的正前方左右两侧,与商品正前方成 60 度夹角,高度适当调整,商品背后放置反光板进行轮廓补光。柔光灯的光线柔和,没有明显的阴影,适合反映物体的形态和色彩,给人轻柔细腻之感。柔光灯与商品正前方成 60 度角放置并在商品背后放置反光板补光,可使布光均匀,避免被拍摄的物体出现高光光斑和商品阴影。

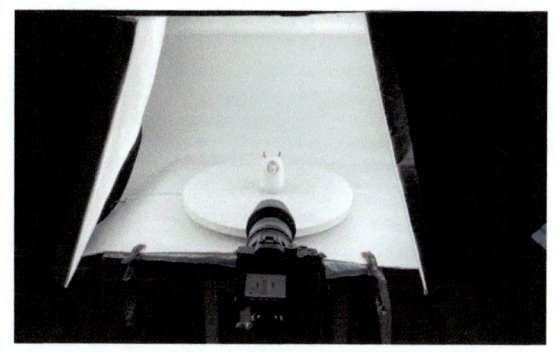

图 4-11

2. 拍摄说明

(1)禁止使用闪光灯(使用闪光灯会产生高光光斑)。

(2)将相机放在三脚架上进行拍摄,保持相机的稳定性。

(3)进行适当的曝光补偿,凸显照片的明亮度。

(4)在拍摄使用场景图时,背景往往会虚化处理,这时候选择大光圈进行景深拍摄。拍摄细节图时,为了使拍摄的图片清晰,则采用小光圈拍摄。

3. 样张参数详情

加湿器样张参数详情如表 4-1 所示。

表 4-1

样 张 详 情	拍 摄 参 数
	1. 光圈值:F4。 2. 曝光时间:1/125 秒。 3. ISO:200
	1. 光圈值:F4。 2. 曝光时间:1/125 秒。 3. ISO:200

续表

样张详情	拍摄参数
	1.光圈值:F13。 2.曝光时间:1/125秒。 3.ISO:100

4.2.3 加湿器拍摄技巧

1.拍摄环境

(1)吸光类商品的外壳通常会使用一些反光材质,表面光滑,拍摄时表面容易反光或倒映出拍摄者的影像,拍摄时可使用柔光板。

(2)禁止使用闪光灯,但在必要时可以使用曝光补偿。

2.拍摄摆放

(1)为凸显商品,可以将相关物品放在一起拍摄,如图4-12所示。

图 4-12

(2)展示商品的全景和细节等(见图4-13),如加湿器可使用微距拍摄充电插口、灯泡、外壳标注文字等细节。

3.注意事项

(1)在拍摄加湿器时,需将商品擦净,避免留下指纹,并佩戴手套拍摄。

（2）拍摄时可以搭配较小配件，展示商品的关联性，为商品的关联销售提供可能，如图4-14所示。

图 4-13　　　　　　　　　　　　　　　　图 4-14

动手一试

1.按照上述步骤设计毛巾类商品的拍摄思路。

2.完成对该商品的拍摄。

任务 4.3
反光类商品拍摄方案设计

> **任务分析**

本任务以一款果汁茶为例，通过分析反光类商品的卖点得出该类商品整体的拍摄思路，并对拍摄的具体流程、拍摄技巧进行讲解，培养读者拍摄这类商品的实际操作能力。

4.3.1　果汁茶拍摄思路设计

某款果汁茶及其产品介绍如图 4-15 所示。

通过图 4-15 和资料查找，我们将这款商品的卖点总结为两点：

（1）方便携带：本款饮料包装设计独特，美观大气，便于消费者携带，饮用方便。

（2）原材料新鲜，搭配独特：本款饮料精选优质金桔和柠檬、上等的印度红茶，二者相互搭配，清香可口。

通过对饮料卖点的详细分析，可以从以下两个角度来对饮料进行拍摄。

图 4-15

1. 外观展示图

这款饮料有独特的外观设计，在拍摄时，为了突出产品卖点，可以对产品外观进行拍摄，包括外包装盒和内部包装的拍摄。外观展示图的拍摄可以使消费者对该款商品有整体的认知。外观展示图如图 4-16 所示。

图 4-16

2. 原材料细节图

为了突出优质原材料这一卖点，需要对原材料的细节进行拍摄。这样既能使消费者对商品内部有进一步的了解，也可体现该饮料品牌精益求精的特点。原材料细节图如图 4-17 和图 4-18 所示。

图 4-17　　　　　　　　　　　　　　　　　图 4-18

4.3.2　果汁茶拍摄流程

果汁茶拍摄展示如图 4-19 所示。

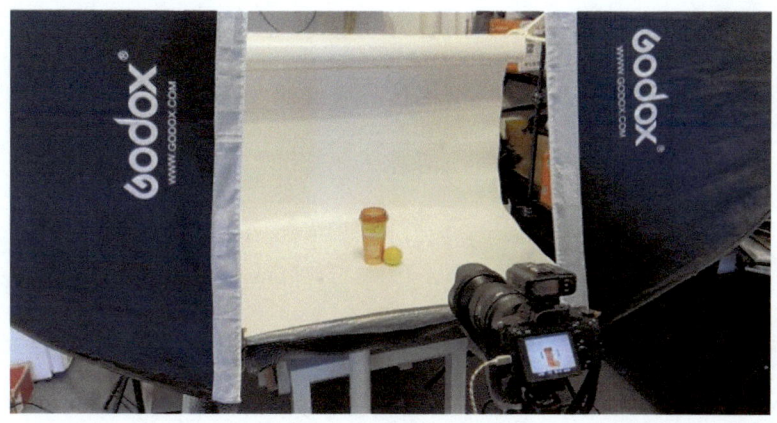

图 4-19

1. 光源设置

　　两盏柔光灯分别放置于商品的正前方左右两侧，与商品正前方成 60 度夹角，高度适当调整，商品背后放置反光板进行轮廓补光。柔光灯与商品正前方成 60 度角放置并在商品背后放置反光板补光，可使布光均匀，避免被拍摄的物体出现高光光斑和商品阴影。

2. 拍摄说明

(1)禁止使用闪光灯(使用闪光灯会产生高光光斑)。

(2)尽量与被拍摄物体保持一定距离。

(3)进行适当的曝光补偿,凸显画面的清晰度和明亮度。

(4)在商品左右两侧塑造高光,增加商品的立体感。

3. 样张参数详情

果汁茶样张参数详情如表 4-2 所示。

表 4-2

样 张 详 情	拍 摄 参 数
	1. 光圈值:F13。 2. 曝光时间:1/125 秒。 3. ISO:100
	1. 光圈值:F4.5。 2. 曝光时间:1/125 秒。 3. ISO:200
	1. 光圈值:F4.5。 2. 曝光时间:1/125 秒。 3. ISO:200

4.3.3　果汁茶拍摄技巧

1. 拍摄环境

为了表现出饮料的色香味,引起消费者的食欲,几乎不用直射的硬光,而是使用带有方向性的柔光。布光时要注意亮度均匀,要对暗部适当补光,减小明暗反差。

2. 拍摄摆放

（1）为了对饮料外包装有整体展示，推荐使用45度角进行立体拍摄，通过这个角度拍摄可以看到商品的正面、侧面和顶面，最大限度地向消费者展示了整个产品，使之更直观、立体。

（2）在对原材料进行拍摄时，可将其摆放在商品侧面，凸显商品的选材来源真实可靠，注意摆放应整洁美观，采用小光圈拍摄，对焦在产品上，如图4-20至图4-22所示；或者单独对原材料进行拍摄，为后续的详情页制作积累图片素材，如图4-23所示。

图 4-20 　　　　　　　　　　　　　　　　图 4-21

图 4-22 　　　　　　　　　　　　　　　　图 4-23

3. 拍摄构图

（1）若商品数量较少，不丰富，可采用居中构图来安排主体。若商品数量多，则可用黄金分割法构图。

（2）尽量使饮料颜色与背景色形成鲜明对比。若饮料颜色复杂，可使用白色做背景色。

》》》｜动手一试......

1. 按照上述步骤设计任意反光类商品的拍摄思路。

2. 完成对该反光类商品的拍摄。

任务 4.4
透光类商品拍摄方案设计

　　本任务以一款花瓶为例,通过分析透光类商品的卖点得出该类商品整体的拍摄思路,并对拍摄的具体流程、拍摄技巧进行讲解,培养读者拍摄这类商品的实际操作能力。

4.4.1　花瓶拍摄思路设计

　　某款花瓶及其产品介绍如图 4-24 所示。

图 4-24

　　通过图 4-24 和资料查找,将这款商品的卖点总结为四点:

　　(1)外观简洁:瓶身由 1500 摄氏度高温熔化的水晶玻璃制成,透明澄澈;外形设计为简易的紧口圆柱,瓶口镶嵌 22K 手描真金,为花瓶增添了奢华感,使外观更加别致。

　　(2)实用性强:花瓶瓶身设计简易,方便将花插入瓶中,简便实用。

　　(3)经久耐磨:描金部分保护层在 300 摄氏度左右再次烘烤,不掉色。

　　(4)安全环保:瓶身上色采用套色工艺,不用喷漆,不含铅、汞、砷等有害物质,对人无害,安全环保。

通过对花瓶卖点的详细分析,可以从以下三个角度来对花瓶进行拍摄。

1. 制作过程图

本款花瓶瓶身是用水晶玻璃在高温下熔化制成,瓶口镶嵌的 22K 手描真金也需要较强的工艺。在拍摄上需要对产品制作的过程进行展示。制作过程展示图如图 4-25 所示。

图 4-25

2. 外观展示图

本款花瓶采用了透明水晶玻璃的外观设计,瓶口处采用 22K 手描真金装饰,整体给人以简洁、轻奢的感觉。在拍摄上需要对产品整体的外观进行展示。这样既能使消费者从整体上了解产品,又能给消费者带来视觉上的冲击。整体展示图如图 4-26 至图 4-29 所示。

图 4-26   图 4-27   图 4-28

3. 局部细节图

在细节上,需要对花瓶的局部进行拍摄。这样能使消费者对本款产品的细节有进一步的了解,并且能展示该花瓶精湛的制作工艺。局部细节图如图 4-30 所示。

(a)

(b)

(c)

图 4-29

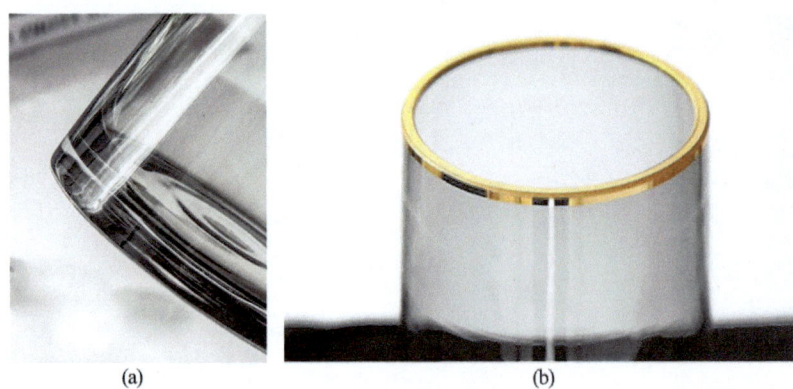

图 4-30

4.4.2 花瓶拍摄流程

花瓶拍摄展示如图 4-31 所示。

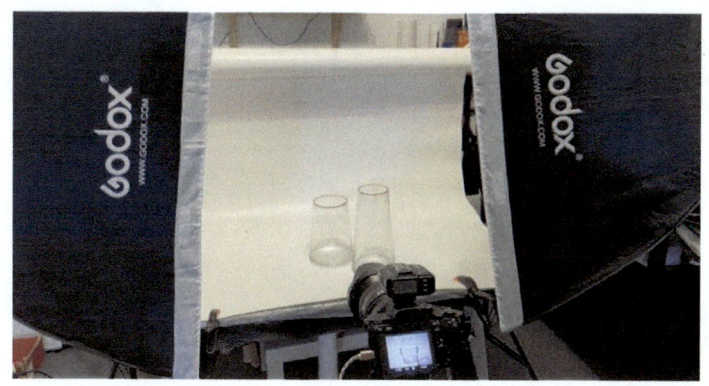

图 4-31

1.光源设置

两盏柔光灯分别放置于商品的正前方左右两侧,与商品正前方成 60 度夹角,高度适当调整,商品背后放置反光板进行轮廓补光。柔光灯与商品正前方成 60 度角放置并在商品背后放置反光板补光,可使布光均匀,避免被拍摄的物体出现高光光斑和商品阴影。

2.拍摄说明

(1)禁止使用闪光灯(使用闪光灯会产生高光光斑)。

(2)尽量与被拍摄物体保持一定距离。

(3)进行适当的曝光补偿,凸显画面的清晰度和明亮度。

(4)花瓶正面拍摄时要拍摄出花瓶的两条高光带。

3.样张参数详情

花瓶样张参数详情如表 4-3 所示。

表 4-3

样 张 详 情	拍 摄 参 数
	1.光圈值:F4.5。 2.曝光时间:1/200 秒。 3.ISO:200

续表

样 张 详 情	拍 摄 参 数
	1. 光圈值：F13。 2. 曝光时间：1/125 秒。 3. ISO：100
	1. 光圈值：F4.5。 2. 曝光时间：1/200 秒。 3. ISO：200

4.4.3　花瓶拍摄技巧

1. 拍摄环境

可选择明亮或深色背景，如用光滑无光泽的深色硬纸板或黑纸作为深色背景，也可选择浅色的无光泽纸做明亮背景。玻璃花瓶拍摄时表面容易反光或倒映出拍摄者的影像，拍摄时可使用柔光板。

2. 拍摄摆放

(1)为了突出花瓶的实用性并体现出其美观的特点，拍摄时可以将花插入瓶中进行拍摄，如图 4-32 所示。

(2)为增加商品细节的展现，对商品细节进行局部拍摄，如图 4-33 所示。

图 4-32　　　　　　　　　　　　　　　　图 4-33

3. 注意事项

（1）玻璃花瓶为透明物体，表面光滑易反光，拍摄时应采用间接照明的方法，即将灯光照射到明亮的反光面上，然后再由反光面反射到被摄物体上，也可以把玻璃花瓶放在一平面的背景前面，用灯光照射背景，以背景柔和的反射光作为照亮花瓶的唯一光源。在这种光线条件下，玻璃不会反光且花瓶瓶身深暗的轮廓线条和它的透明质感可以表现出来。

（2）突出细节。在拍摄花瓶时，可重点拍摄其瓶口、瓶底等细节图，这样可以增加消费者对产品的信任度。

（3）生动形象，贴近生活。可以拍摄该款产品使用时的效果图，反映真实使用情况。

»➔‖ 动手一试 ‖ ……

1. 按照上述步骤设计任意透光类商品的拍摄思路。
2. 完成对该透光类商品的拍摄。

任务 4.5
商品视频拍摄方案设计

> **任务分析**

商品视频相较于照片，能够更加直观生动地表现商品的特点、商品的功能、商品的适用范围以及商品想要传达的品牌理念，从而更快速地吸引客户的眼球，使客户产生购买的意愿。本任务就商品视频拍摄方案设计做简单的讲解。

1. 拍摄前的准备

1）拍摄设备

①拍摄工具。

传统的拍摄工具是摄像机，但随着数码产品的不断升级，目前还可以使用单反相机和手机来完成商品视频的拍摄。如图 4-34 所示为一款摄像机。

②稳定设备。

对于手机和单反相机，手持拍摄视频时无法做到在长时间下保持稳定而不产生晃动。一般使用三脚架或单脚架（见图 4-35）固定设备，如果拍摄画面较多，则需要稳定器来固定设备（见图 4-36）。

③录音设备。

如果拍摄环境杂音较多，可以使用录音笔、相机机头话筒等设备进行录音。

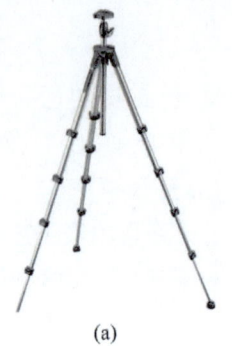
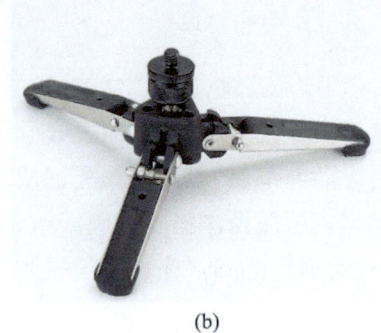

(a)　　　　　　　　　　　　　　　　(b)

图 4-34　　　　　　　　　　　　　　图 4-35

④灯光。

如果在室内拍摄视频,需要配备必要的灯光设备以保证拍摄效果。常用的灯光设备包括 LED 灯、散光灯等,其中散光灯常用作顶灯、正面照射等。如果是在室外拍摄视频,一般利用自然光,或者采用"自然光＋补光"的方式进行拍摄。补光使用的工具是补光灯,补光灯可以让画面更加清晰。图 4-37 所示为补光灯。

图 4-36　　　　　　　　　　　　　　图 4-37

⑤背景纸。

2)明确所拍商品特征

明确所拍商品的形状、结构、性能、色彩、用途等特征,根据这些特征确立视频创作思路。只有深入了解商品,才能根据商品的特性选择合适的模特、拍摄环境、拍摄时间等。针对商品的特色,要极力表现,以达到吸引顾客的目的。

3)选择合适的景别

景别是指由于摄影机与被拍摄商品的距离不同,而造成的被拍摄商品在摄影机寻像器中所呈现出的范围大小的区别。景别可分为五种,由近至远分别为特写、近景、中景、全景、远景。为了更好地表现商品,应选择合适的景别来进行拍摄。下面分别对这五种景别进行介绍。

①特写。

对商品的局部进行拍摄,这种景别称为特写。通过对细节的拍摄,能够体现出商品的材质,表现商品的特点。图 4-38 所示为商品花瓶的特写,重点展现花瓶瓶口的材质。

图 4-38

②近景。

近景是对商品的主要外观进行细腻的刻画,多用于商品的多角度展示。由于近景画面视觉范围较小,观察距离较近,拍摄商品的细节比较清晰,因此能表现商品的局部状态。使用近景能很好地表现商品特征和细节信息。在商品拍摄中,近景使用次数最多。如图 4-39 所示为商品花瓶的近景。

③中景。

中景一般用于有模特参与的情况下,一般拍摄到的是模特膝盖以上的画面。在中景画面中,环境处于次要地位,重点在于表现模特的上身动作。图 4-40 所示为一种商品的中景。

④全景。

全景是指表现商品全貌或模特全身的拍摄方式。拍摄模特时,能看到模特的全部动作,并且能利用背景营造气氛,通常用于表现商品的整体造型。图 4-41 所示为一种商品的全景。

图 4-39

图 4-40

图 4-41

⑤远景。

在进行远景拍摄时,摄像机远离被摄商品进行拍摄,能够表现拍摄场景全貌。图4-42所示为一种商品的远景。

图 4-42

2. 拍摄运镜技巧

1)推镜头

推镜头从景别来看是由远景变为全景、中景、近景甚至特写,此种镜头的主要作用是突出主体,使观众的视觉注意力相对集中,视觉感受得到加强,造成一种审视的状态。推镜头符合人们在实际生活中由远而近、从整体到局部、由全貌到细节观察事物的视觉心理。

2)拉镜头

拉镜头与推镜头的运动方向相反,摄影机由近而远向后移动离开被摄对象,取景范围由小变大,被拍对象由大变小,与观众的距离也逐步加大。拉镜头画面的形象由少变多,由局部变化为整体,在景别上由特写或近景、中景拉成全景、远景。

3)摇镜头

摇镜头即借助活动底盘使摄像机上下、左右旋转拍摄,顺着一定的方向对被拍商品进行巡视。摇镜头能代表人的眼睛看周围环境时的状态,使顾客身临其境。

4)移镜头

移镜头即摄像机沿着水平方向做左右横移拍摄的镜头,与人在边走边看时的视角相同。移镜头比摇镜头更加自由,能打破画面的局限,扩大空间;弊端是摄像机抖动不好控制,需要使用稳定器等辅助设备加以控制。

5)跟镜头

跟镜头即镜头跟随被拍对象保持等距离运动的移动镜头。跟镜头始终跟随运动着的主体,空间感较强。

6)甩镜头

甩镜头即甩动镜头,快速改变画面,中间影像模糊成若干光流,具有极强的爆发力。

7)升镜头和降镜头

升镜头和降镜头即摄像机借助升降装置边升降边拍摄的方式。升降运动使画面能够轻松地扩展和收缩,并通过视点的连续变化形成多角度、多方位的构图效果。

> **项目小结**

通过本项目的学习,读者了解和熟悉了商品拍摄的基本流程和拍摄技巧。本项目通过对产品的分析,总结出产品的特色和卖点,并根据特色和卖点设计拍摄整体思路。商品拍摄作为整个商品信息采编过程中的重要一环,对之后的图片美化和详情页制作起着重要的基础作用。

本项目对吸光、反光、透光三种材质商品的拍摄技巧,以及商品拍摄方案设计的理论和实际操作进行讲解,通过本项目的学习,读者可以更好地掌握这三种基本材质商品的拍摄技巧,并对其他商品的拍摄有一个基本的认识。

> **同步实测**

一、思考题

1.分别列举一种吸光、反光、透光材质商品。

2.说明拍摄吸光材质商品时硬光的作用。

3.拍摄透光材质商品的关键是什么?

4.拍摄运镜的技巧有哪些?

二、实践题

1.拍摄任意一款吸光类商品,并写出设计思路。

2.拍摄任意一款玻璃制品,并写出设计思路。

3.拍摄任意一款反光类商品,并写出设计思路。

4.以某款文具为拍摄对象,拍摄一段 9 秒左右的视频,要求至少使用 2 种拍摄运镜的方法。

Shangpin Xinxi Caiji yu Bianji

项目5
商品素材处理

商品素材处理主要是对商品的图片素材进行调整和设计等处理,有助于在电子商务环境中将商品更好地展现出来。本项目共分为 3 个任务,任务 1 介绍了商品的图片要求,任务 2 对商品图片的处理方式进行了简单介绍,任务 3 介绍了具体的商品图片设计与美化案例。

> 学习目标

1. 理解商品素材处理的重点;
2. 掌握商品图片的处理技巧;
3. 能提供商品图片的设计思路;
4. 会调整图片的主要参数;
5. 会美化电商环境下的图片;
6. 能熟练运用 PS 的图片修复功能。

任务 5.1
商品图片要求

> 任务分析

不同品类的电商产品,其销售卖点和修图重点各有不同。各大主流电商平台对商品图片的尺寸和内容要求也有不同。本任务针对这两点主要内容,分两个部分进行说明,最终让读者明确商品图片具体有哪些要求。

5.1.1　不同品类商品修图重点

电商产品的素材图片在经过修图后能够传达出商品的形象特点。这些通过图片处理为产品增添的正面印象,对于消费者做出购买决策有着重要作用。

在修图过程中,重要的是提升图片的效果,将对应材质的特点表现得更加突出,同时优化原图的整体质感,最终将商品的优质形象通过处理后的图片传达给消费者。

一般商品根据用途分为服装、家居、美食等,根据材质可以分为塑料、玻璃、木材等,商品图片根据商品的使用场景又可以分为静物、人像、风景等。

以下主要根据商品类别介绍几种常见的电商商品的特色和修图重点。

1. 人物类

对于包含人像的产品图片,人物的肖像体现效果也要考虑在最终修图效果之内,涉及的品类

包括服装、饰品、洗护产品等。

在人像的处理过程中,除了适当对模特的外形轮廓进行形状调整外,还可以通过与不同色调进行叠加,进而取得多种风格的修片效果。

图 5-1 所示为处理前的模特底片素材,通过与不同色调的图层叠加,可以获得不同的处理风格。

例如,添加黑白图层滤色,并复制原图层制作高反差,保留图层叠加,处理过程如图 5-2 所示。

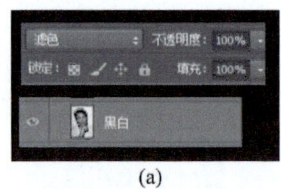
(a)

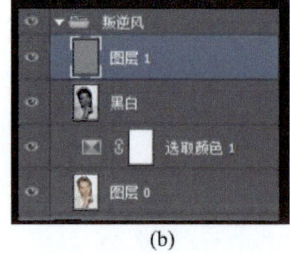
(b)

图 5-1　　　　　　　　　　　　　　　　　图 5-2

获得的复古风修片效果如图 5-3 所示。还可以通过画笔工具绘制阴影、高光等,使人物轮廓显得更加突出。

在这里,不同色调、饱和度的图片调整与叠加,是处理过程中的重点步骤。设置的叠加图层的具体参数、色调直接决定了最终的修图成品效果。

2. 化妆品类

常见的化妆品包装材质中,塑料和玻璃占据了主要地位。这里以玻璃瓶的化妆品为例,说明化妆品罐在修图过程中的处理要点。

通过分析材质的特点后,对图片先进行基本处理。如使用污点画笔工具去除瑕疵,将底部玻璃部分进行抠图。

图 5-3

然后,新建图层并使用灰色填充,调整透明度和竖向的多层渐变,增加下方银色底边。以同样的渐变设置新图层,通过变形工具调整图形,使其更贴近瓶身,调整颜色为产品同色系的青色作为底部描边。此阶段成品图如图 5-4 所示。

继续新建图层,分别着色,为原图色泽、边界不明显的部分增加轮廓感(见图 5-5)。在制作上方轮廓线和阴影等形状不够柔和的部分时,用钢笔工具绘制边缘路径效果更佳。

图 5-4　　　　　　　　　图 5-5

这里主要运用了部分图层的遮挡作用,将原图不太满意的轮廓、色泽等处修正为更加清晰的效果。

3. 饰品类

饰品类商品需要重点凸显闪耀和色彩绚丽的特点,常见的金属材质可以通过抠图、渐变上色和画笔修饰等处理,将局部变得更加明亮闪耀。

在原始照片素材的基础上,对实物整体进行抠图处理,使用钢笔工具可以获得清晰细致的边界。对饰品的内、外表面和钻石等部分进行单独抠图处理,并添加图片蒙版,可方便后期对各部分进行单独调整。效果和图层如图 5-6 所示。

对戒指的轮廓进行描边,使用黑白轮廓线突出棱角的效果。使用银色图层添加多次渐变,为内部设计富有金属光泽与反光的画面。再调节各部分的亮度,使明亮的地方更加突出,并通过模糊工具处理上表面的粗糙部分,使边缘清晰化。处理效果如图 5-7 所示。

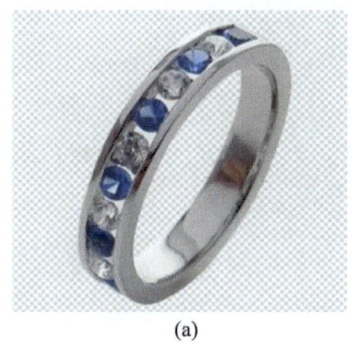
(a)

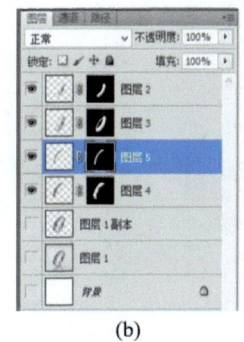
(b)

图 5-6　　　　　　　　　　　　　　　　　　图 5-7

最终为成品图增加一个白色的背景和底部的投影,完成饰品的修图处理。

4. 服装类

在服装商品的图片处理中,按材质和背景对衣服进行色调、光照和抠图等常规的图层处理是修图的重点。在服装类商品图片修图的过程中,要尽可能地避免色差,使照片呈现的颜色和衣服的颜色相符。倘若色差比较大,可能会造成对买家的误导,这样反而会获得差评,得不偿失。如图5-8所示,对产品的色调进行调整后增加了商品的质感。

服装类商品不同于其他商品的重要一点是拍摄时无法规避商品的褶皱出现,为了使产品能够展示出比较完美的状态,需要调整服装的形状。一方面,要使衣服呈现一个比较完美的状态;另一方面,修图也需要保持衣服原本的大小和款式,不能失去真实性。如图5-9所示,对有褶皱的西装进行修图处理后,商品得到了更加完美的呈现。

图 5-8

图 5-9

5.1.2　各电商平台对商品图片的要求

电商的主要平台包括淘宝、天猫、京东等,各大平台对于展示的产品图片有着各自的规定。以下就不同的平台对电商常用的几类图片的标准要求进行说明。

1. 淘宝网

淘宝网是起步较早的网购电子商务平台,淘宝网主图一般设置为 5 张,前 4 张主图大小需小于 3 MB,宽、高没有强制要求,卖家可根据想要的展示效果自行选择,建议使用正方形图片(宽高比为 1:1);若图片大小为 700 像素×700 像素以上,会有放大镜效果,如图 5-10 所示。

部分类目要求第 5 张主图为白底图,图片大小在 38 KB 至 300 KB 之间,大小为 800 像素×800 像素,建议将图片格式设置为 JPG 格式。其他细节要求如下:

(1)图片中不可以有模特,必须是平铺或者挂拍,不可出现衣架、商品吊牌等;

(2)商品需要正面展现,不可侧面或背面展现;

(3)图片美观度高,品质感强,商品展现尽量平整;

(4)构图明快简洁,商品主体突出,要居中放置;

(5)图片中只能出现一个主体,不可出现多个相同主体;

(6)图片中商品主体完整,展现比例不要过小,商品主体要大于 300 像素×300 像素,如图 5-11 所示。

图 5-10

图 5-11

此外,建议不要将主图压缩得太小,避免主图太小导致图片失真。主图一般可以上传 4～6 个不同角度、不同规格的商品图片,如图 5-12 所示。

淘宝的详情页尺寸宽度为 750 像素,高度不限,根据商品的具体情况而定。单张大小最好在 500 KB 以内,长图片单张在 3 MB 以内。部分详情页如图 5-13 所示。

淘宝的无线端为竖向主图,宽高比为 2:3,尺寸通常是 800 像素×1200 像素,大小应小于 3 MB。无线端详情页宽度为 620 像素,高度在 20 000 像素以内。手机端的主图和部分详情页如图 5-14 所示。

图 5-12   图 5-13   图 5-14

2. 天猫商城

天猫商城的前身是淘宝商城,成立于 2011 年 6 月,在 2012 年初正式改名为"天猫"。

天猫的 PC 端主图尺寸为 800 像素×800 像素,大小不能超过 500 KB;详情页宽度为 790 像素,高度不限。无线端主图为 800 像素×1200 像素,详情页宽度为 750 像素,每张高度不得超过 1500 像素,合计 22 张图以下,自定义区放 2 张,商品区少于 20 张。图 5-15 所示是天猫主图页的示意图。

3. 京东商城

在电商平台中,京东自营商品的品质保证、物流的超级速度是其重要优势。京东商品主图图片尺寸为 800 像素×800 像素,可上传 5 张,格式支持 JPG、PNG 和 GIF。其中,第一张必须使用纯白色背景。图片画质要清晰,不进行虚化处理;图片亮度要充足,应能看清商品细节。京东的主图页如图 5-16 所示。

图 5-15   图 5-16

以下是几条京东商品图的内容要求：

(1)商品描述中,需要提供多角度的产品图片。其中必须有一张商品主体的正面图片,且商品图片中不得有其他非在售商品。

(2)在创意拍摄的过程中,背景和道具的选取要以主体商品为出发点,整体把握图片的色调与构图,使用其他颜色背景和道具。

(3)不能出现大面积的黑色投影,或者存在大区域的反射环境物。图片中所示商品的颜色、规格等,必须与商品在京东商城的文字介绍相同。

(4)商品图片中不得有与商品无关的内容。

知识拓展

快速修改产品图片

在电商产品上新时,设计师需要在比较短的时间内完成很多产品图片的修改,需要的修图处理时间非常多。电商的拍摄工作量比较大,每一张图片都要在有限时间内做出优化,这就需要以产品的质感、光感作为重点进行调整。以下是设计的几个主要步骤:

1.首先分析产品拍摄时的光源和阴影,对整体的修图效果做出预估。

2.对照片原图进行抠图处理,将主体提取出来,并用修补工具优化细节。

3.重点处理受光面,增强产品的立体感与光感。

4.添加投影和背景图层,衬托出商品的质感。

动手一试

为一家淘宝女装店铺构思商品图片的设计修改要点,风格为简约、时尚、大气。

任务 5.2
商品图片的处理

> **任务分析**

商品图片的处理主要是调整图片的大小、曝光度、色彩以及修复瑕疵等。本任务共分为四部分,通过对 PS 操作技能的说明,分别展示了商品素材的基本处理内容。本任务不涉及图片精修等复杂过程。

5.2.1　调整图片尺寸和大小

1.调整图片尺寸

　　选择"文件"/"新建"命令,打开"新建"对话框,新建宽度和高度均为 800 像素、分辨率为 72 像素/英寸、背景内容为白色的空白文件,名称自拟,单击"确定"按钮,如图 5-17 所示。

　　选择"文件"/"打开"命令,找到待处理的素材,将其拖拽至新建的 PS 空白文件中,在图层面板中右击素材图层,选择"转换为智能对象"。拖动边角控制点,按住"Shift"键等比例调整图片至合适大小,如图 5-18 所示。

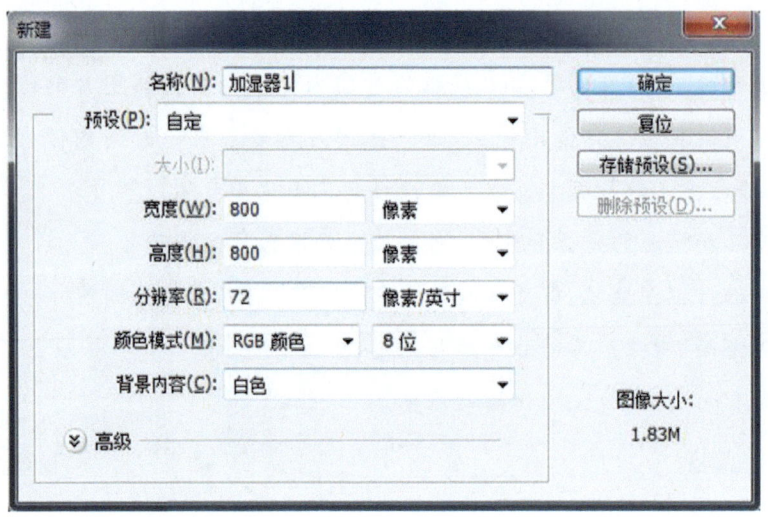

图 5-17

　　调整完成后,选择"文件"/"存储为"命令,设置文件保存格式,这里选择 JPG 格式,作为海报设计的底图备用,如图 5-19 所示。

图 5-18

图 5-19

2. 调整图片大小

继续使用上一步调整后的素材图,选择"文件"/"导出"/"存储为 Web 所用格式"命令,打开"存储为 Web 所用格式"对话框,在右侧设置图像的格式为"JPEG",调整素材图的品质数值,此时文件大小会随之变化,如图 5-20 所示。

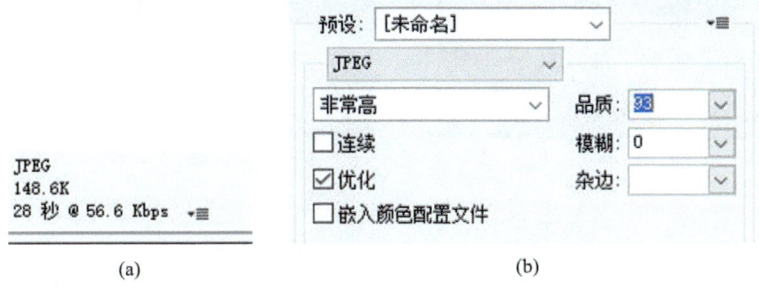

图 5-20

5.2.2　调整图片曝光度

一般照片都或多或少地存在曝光过度或者不足的问题,对应画面过亮或过暗。如图 5-21 所示的图片过暗,对商品品质展现有负面影响。

选择需要调整曝光度的照片,选择图层面板下方"创建新的填充或调整图层"/"曲线",在窗口中的直线右上单击,添加第一个锚点,向左下方拖动,在直线左下单击,添加第二个锚点,如图 5-22 所示。

图 5-21

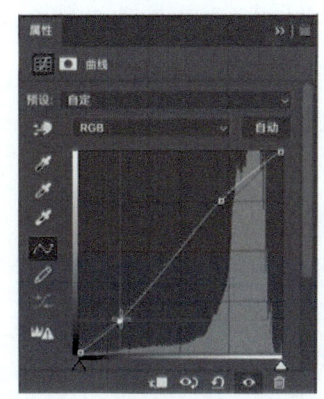

图 5-22

然后在同样的位置选择"亮度/对比度",获得新的链接图层。在弹出的窗口中调整参数值,亮度为 6,对比度为 3,如图 5-23 所示。

将图像效果调至理想状态,如图 5-24 所示。

为调节图像效果到满意程度,继续调整曲线,在弹出的窗口中拉高亮度,将图片的曝光度调至

更高。提高曲线上方的锚点,稍微降低下方的锚点。

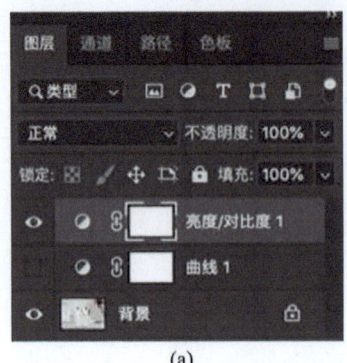
(a)

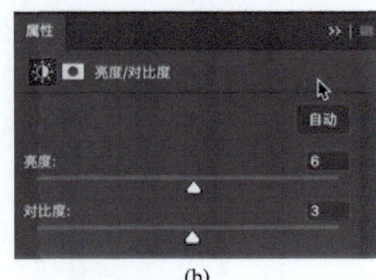
(b)

图 5-23

图 5-24

5.2.3 调整图片色彩

在 PS 中打开需要调整效果的素材,选择图层面板下方"创建新的填充或调整图层"/"曲线",打开"曲线"对话框,在曲线上单击添加控制点,拖动控制点调整对比度,此处调整为 S 形,增强对比度和亮度,如图 5-25 所示。

如图 5-26 和图 5-27 所示,可以从前后对比图看出素材调整的对比效果。

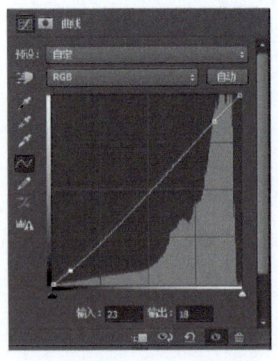

图 5-25

图 5-26

图 5-27

5.2.4　修复图片瑕疵

1. 单一颜色修复

打开待修复的图片,确定图中的瑕疵位置。复制背景图层,成为相同的可编辑新图层。

选择左侧工具栏中的修补工具,圈出图中的瑕疵点,如图 5-28 所示。

路径闭合后,将此部分拖动至附近颜色一致的区域(见图 5-29),在找到合适的颜色复制位置后,松开鼠标左键,原路径内部图案将与移动后所覆盖的画面保持一致,即完成本次修补。

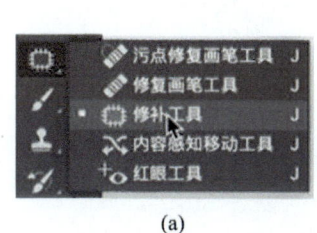
(a)

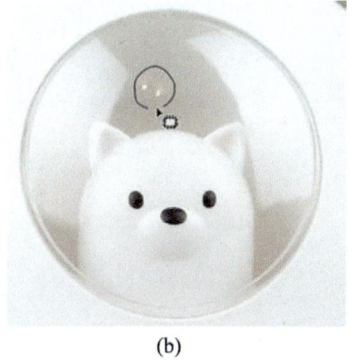
(b)

图 5-28

图 5-29

放大原图,进一步修补图中的细小瑕疵,如图 5-30 所示。

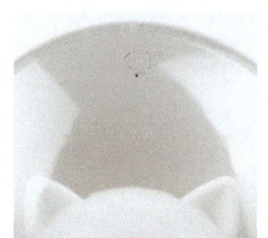

图 5-30

2. 多种颜色修复

在需要修复比较复杂的图片瑕疵时,可同时使用矩形选框工具和画笔工具。

图 5-31 的字体上出现了划痕,需要同时用多种工具去除。首先使用矩形选框工具,在"汁"字上画出矩形选框,按"Ctrl+J"复制,如图 5-32 所示。

将复制的选区向上移动,按"Ctrl+T"执行"自由变换"命令,选择"垂直翻转"(见图 5-33)调整角度,覆盖住文字上方的污渍部分,如图 5-34 所示。

　　　　图 5-31

　　　　图 5-32

　　使用画笔工具,在工具属性栏中调整画笔大小为 5 点,按"Ctrl"键吸取橙色背景,在文字两侧的划痕上进行涂抹,如图 5-35 所示。

图 5-33

图 5-34

图 5-35

　　放大画面,使用小号的画笔涂抹,进行更精细的修复。使用吸管工具,选取附近区域相同的颜色,将不一致的部位与其他区域绘制成统一风格,尽量避免修复痕迹。

　　⟫⟩ 动手一试 ......

　　拍摄一张常用的水杯照片,对它进行简单的修图处理,注意光照和背景的设置。

任务 5.3
商品图片的设计与美化

> 任务分析

　　本任务以加湿器商品为例,主要介绍了主图、细节图的设计与美化,通过对案例的设计步骤进行说明,按顺序展示了商品图的主要制作过程。

5.3.1　主图设计与美化

顾客在网上搜索商品名称,浏览图片和标题,点击进入产品页面,在这个过程中,商品的主图就是产品的门面,设计优秀的图片能够吸引消费者眼球。反之,主图不合格可能会造成商品下架、扣分,还可能会影响店铺权重。

下面就以加湿器主图为例,对主要的图片素材和制作过程进行介绍。

1. 图片与素材

1)正面主图

图 5-36 所示是加湿器的正面主图,主要展示了加湿器的正面照片,通过虚化背景、优化产品图和文字装饰,展现了加湿器可爱的外形和加湿的功能,浅色系的图片风格清新、简约。

2)正面素材图

正面素材图如图 5-37 所示,使用产品的正面竖向照片,整张背景图展示出加湿器工作时的空间距离感。背景和前景的相框、干花等经过虚化处理的装饰品,用淡雅的配色增加了加湿器的质感,加湿器与周围简约淡雅的环境融为一体。

图 5-36

图 5-37

2. 制作过程

1)新建文件

选择"文件"/"新建"命令,打开"新建"对话框,新建宽度和高度均为 800 像素,分辨率为 72 像素/英寸,颜色模式为 RGB 颜色、8 位,背景内容为白色的空白文件,名称自拟,单击"确定"按钮完成画布新建。

图 5-38

2）制作背景

打开照片素材库，经过浏览、对比图片，选择一张适合作为主图的照片素材，拖入新建的 PS 图片文件中，作为背景图层。按"Ctrl＋T"调整背景图的大小、位置至合适的状态，使加湿器主体约为图片高度的一半，居中于页面，即完成主体图片的置入。对主图的曝光度（曝光度数值点为＋0.10）、瑕疵等问题进行基础处理，如图 5-38 所示。

3）设置文字

在工具箱中选择横排文字工具，在图片上方输入文本内容，设置"萌宠加湿器"文本字体格式为"方正兰亭中粗黑简体"、64 点、黑色，字距 75。

设置"水润萌宠 肌肤补水更 Q 弹"文本字体格式为"方正兰亭细黑简体"、36 点、黑色。

拖动文字位置，使其位于图片上方的中部，如图 5-39 所示。

拖动文字标题进行调整，使其宽度与下方文本一致，如图 5-40 所示。

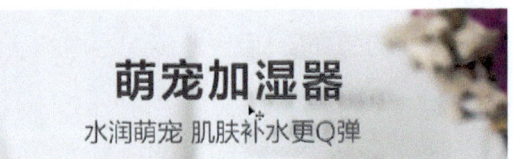

| 图 5-39 | 图 5-40 |

选择菜单栏中的"视图"/"显示"/"智能参考线"，然后在图层面板中同时选中两个文字图层，拖动位置，依据粉色参考线居中对齐，如图 5-41 所示。

4）设置图标

打开品牌图标文件，移到主图左上角，如图 5-42 所示。

| 图 5-41 | 图 5-42 |

在工具箱中选择矩形工具，在左上角绘制矩形。使用取色器吸取英文 LOGO 颜色，设置矩形为红色。拖动矩形位置，调节大小至合适，如图 5-43 所示。

(a)　　　　　　(b)

图 5-43

右键单击英文 LOGO 图层名称,选择"转换为智能对象"。单击图层窗口右下方第二个按钮,选择"颜色叠加",本图层下方显示出图层样式。在弹出的窗口中选择颜色为白色,单击"确定",如图 5-44 所示。

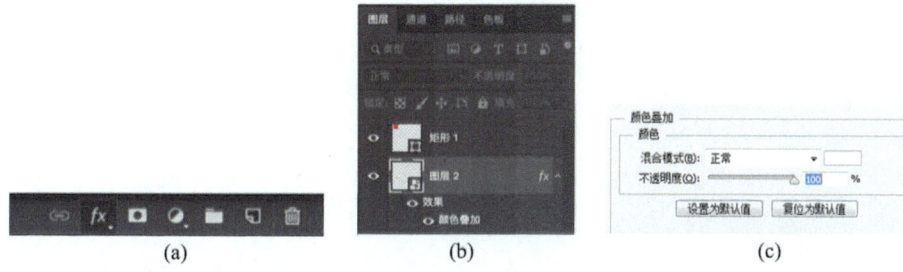

(a)　　　　　　(b)　　　　　　(c)

图 5-44

在图层面板中,将 LOGO 图层居于矩形图层之上。把 LOGO 拖动至矩形中间,调整其大小,如图 5-45 所示。

5)加入素材

打开烟雾的素材文档,选择图 5-46 所示素材作为待加图。

将素材复制并拖动到 PS 文件中,拖动至加湿器上方,按"Ctrl+T"调整大小,如图 5-47 所示。

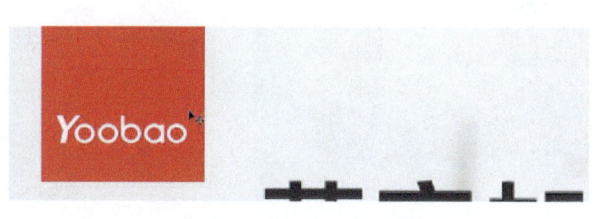

图 5-45　　　　　　图 5-46　　　　　　图 5-47

单击图层面板下方工具栏中第三个按钮,添加图层蒙版,如图 5-48 所示。

使用左侧的画笔工具,前景色为黑色,在蒙版图层上涂抹烟雾右下方,去掉烟雾的遮挡部分。如图 5-49 所示。单击"文件"/"存储为",在弹出的窗口中,自拟文件名,设置格式为 JPEG,选择存储路径后,单击"保存"。在 JPEG 选项中,设置图像品质为 12 最佳,点击确定。

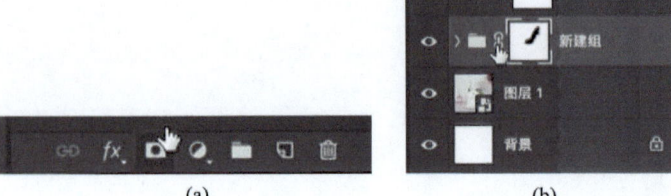

(a)　　　　　　　　　　　(b)

图 5-48

图 5-49

5.3.2　细节图设计与美化

1. 图片与素材

加湿器的细节图从侧面补充展示了产品的细节特点,通过文案增加商品属性和卖点的描述。

1)侧面细节效果图

侧面细节效果图(见图 5-50)对产品的侧面进行了展示,使用图标、性能文字说明了商品特点,将产品作为构图的左侧部分,同时作为背景,衬托出半透明的前景部分与细节说明文字。

2)侧面素材图的选取

图 5-51 所示是加湿器的侧面展示图,这里使用托盘、水果为它增加了色彩和味觉的丰富体验,使用双手端至桌上的场景,生动有趣地体现了加湿器像食物般小巧便携的特点。

图 5-50

图 5-51

2. 制作过程

1)创建新文件

选择"文件"/"新建"命令,打开"新建"对话框,新建宽度和高度均为 800 像素、分辨率为 72 像素/英寸、颜色模式为 RGB 颜色、背景内容为白色的空白文件,名称自拟,单击"确定"按钮即完成页面新建。

2)加入照片图层

将素材拖入新建的 PS 文件中,调整图片的大小、位置,使加湿器位于画布左侧,高度约为图片高度的一半。单击回车键,完成图像调整,如图 5-52 所示。

3. 添加标题文字

1)输入文字

在工具箱中选择横排文字工具,在图片上方输入文本内容,设置"用心升级 生活品味"文本字体格式为"方正兰亭中粗黑简体"、64 点、♯3a3a3a。拖动文字位置,使其在图片上方居中,如图 5-53 所示。

图 5-52

图 5-53

2)加入圆点

在工具箱中选择椭圆选框工具,在文本中间添加一个圆点作为文字的间隔符号,设置宽、高分别为 10 像素,颜色为♯3a3a3a,调整位置,如图 5-54 所示。

4. 添加第一个图标

1)绘制白色背景

在工具箱中选择圆角矩形工具,在加湿器右侧绘制圆角矩形,设置填充色为♯ffffff,圆角半径为 20 像素,如图 5-55 所示。

图 5-54

图 5-55

2）加入图标素材

在素材文件夹中选取需要的图标，拖到圆角矩形背景上。调整图标尺寸大小，位置居于白色背景的左上角，如图 5-56 所示。

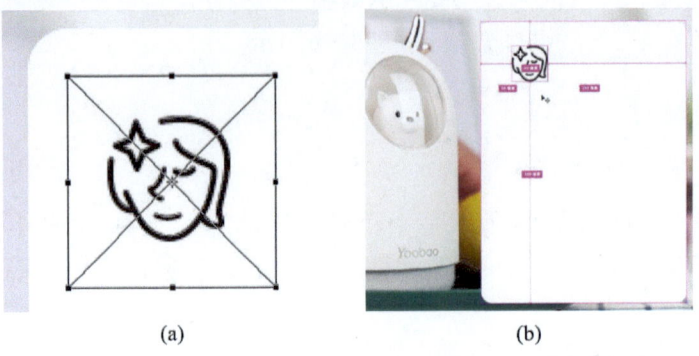

(a)　　　　　　　　　　(b)

图 5-56

选中图标图层，单击图层窗口右下方第二个按钮，选择"颜色叠加"，本图层下方显示出图层样式。在弹出的窗口中，选择颜色为♯3a3a3a，如图 5-57 所示，单击"确定"。

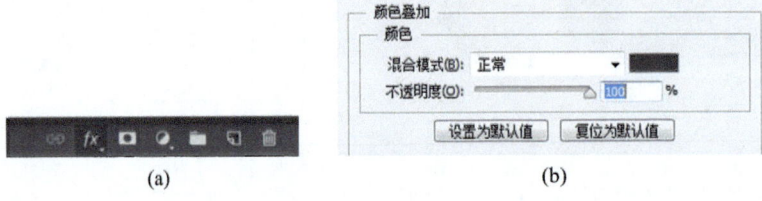

(a)　　　　　　　　　　(b)

图 5-57

3）设置图标文字

在工具箱中选择横排文字工具，在图片上方输入文本内容，设置"渗透滋润"文本字体格式为思源黑体、19 点、♯3a3a3a，字体样式为 Medium。

移动文字至图标下方，使两者居中对齐。同时选中图标和文字图层，微调至合适位置，并设为图层组，如图 5-58 所示。

在下方输入相应的英文文本"moist skin"，设置文本字体格式为思源黑体、14 点、♯3a3a3a，样式为 Regular，如图 5-59 所示。

4）图层编组

在图层面板中选中图标图层、中文文字图层以及英文文字图层，按"Ctrl＋G"将这三个图层进行编组，如图 5-60 所示。

5. 图标整体布局

1）设定图标位置

复制第一个图层组，按住"Shift"键向右水平移动，使圆角矩形两侧留白区域近似相同，如图 5-61 所示。

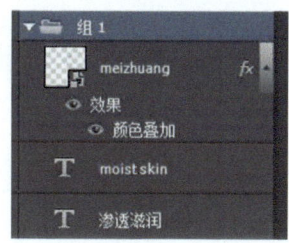

图 5-58　　　　　　　　　　　图 5-59　　　　　　　　　　　图 5-60

2）绘制虚线分割线

在图标下方加入虚线，使用左侧的直线工具，在上面两行图标的中间画出一段直线，填充为浅灰＃dcdcdc，设置描边为虚线（见图 5-62），参数为虚线 3、间隙 5。

复制并旋转直线，移至竖向中部，将其拉长至与背景高度相同，如图 5-63 所示。

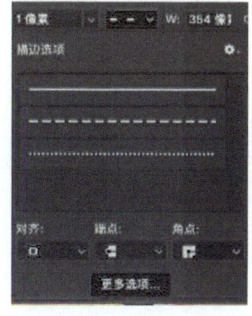

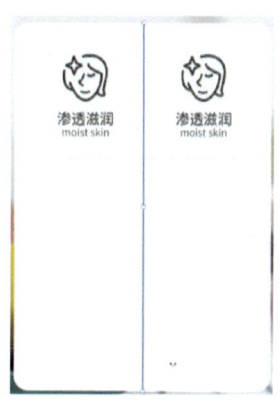

图 5-61　　　　　　　　　　　图 5-62　　　　　　　　　　　图 5-63

同时选中两个图层组，移动位置至竖向中心与背景中线对齐。复制两个图层组并向下拖动，获得中部的两个图层组。调整上下间距至相同，与上方图标的左右边线对齐。

继续复制两个图层组，移动并获得下方的两个图标。调整竖向间距，使三组图标均匀分布。复制横向的虚线，移至中、下两组图标之间。向下调整白色背景的下边缘，使图标与其上下边缘的距离相同，如图 5-64 所示。

6. 添加其他图标

按照同样的步骤，分别找到盾牌、静音、水滴等素材，加入图中的图层组中。粘贴原图标样式后，对应修改下方中英文文字内容，完成其他几个图标的制作，如图 5-65 所示。

7. 完成图片调整

1）设置背景图层

选中白色背景图层，在上方的透明度设置处将透明度调节为 50%，如图 5-66 所示。

图 5-64　　　　　　　　　图 5-65　　　　　　　　　图 5-66

2）设置分割线

在工具箱中选择直线工具，按"Shift"键绘制图标分割线，在工具栏中设置填充色为黑色，设置粗细为 1 像素，在"描边"对话框中设置虚线 3、间隙 5（见图 5-67），再次分别调整照片、图标组、图片标题的位置，使其分布均匀、对称，如图 5-68 所示。

3）添加英文 LOGO

从已经完成修图的主图 PS 文件中，将产品的英文 LOGO 复制过来，调整大小，移至左下方，完成英文 LOGO 的设置，如图 5-69 所示。

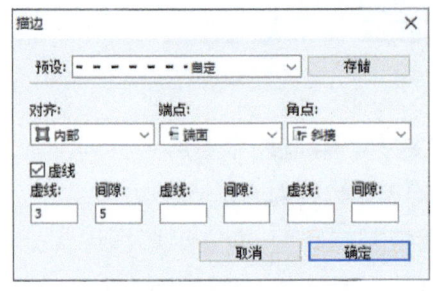
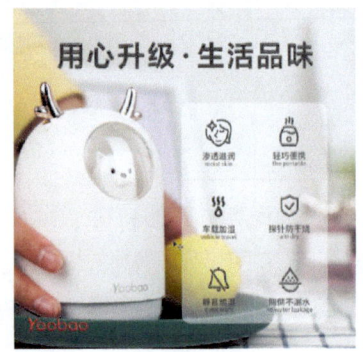

图 5-67　　　　　　　　　图 5-68　　　　　　　　　图 5-69

4）保存图片

将 PS 文件保存，同时存储为 JPEG 文件，选择最高质量 12，完成图片文件的输出。

知识拓展

商品的主图和详情页对于产品的展示有着直观的效果。在细节美化方面，主图的转化影响在手机端比重更大，处理主图成为最重要的优化工作。不同类目的商品，在不同电商平台的规则中，有着不同的设计要点。

做好主图应该注意展示卖点、亮点，产品主体要清晰明显。平台常见的主图数量上限是 5 张，要注意彼此间的组合逻辑，使背景、风格与产品契合，同时注意视觉效果的差异化。

商品细节图常见尺寸为 800 像素×800 像素,大小不超过 3 MB。每一张细节图都要凸显一个商品的卖点或特点,同时配有文案,相互间表达的信息不重复。

》→ 动手一试

设计一款手机新品的宣传图,包括 1 张主图、2 张细节图,风格要与商品本身相匹配。

》 项目小结

在本项目的学习中,读者首先通过对不同品类商品的修图要点、不同平台的尺寸要求等介绍,对图片处理的基本规则有所了解。然后通过学习商品图片处理的主要步骤,例如调整尺寸和大小、曝光度、色彩及修复瑕疵等,进一步掌握产品图片的 PS 修图技能。最后,通过对加湿器产品实例的修图过程介绍,能够对商品主图、细节图进行简单的制作,完成电商图片的基本设计。

》 同步实测

一、思考题

1.如何使用同一张商品照片做出不同的色彩效果?

2.对于原始商品在拍摄中内部存在杂物(如图 5-70 中的透明支撑物),或者被周围环境遮挡的情况,该如何处理?

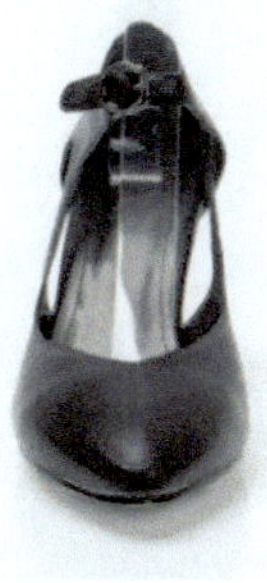

图 5-70

二、实践题

秋季是大量农产品上市的季节,销售生鲜水果的店铺变得繁忙起来。现在有一批新鲜的青苹果准备上架销售,在果园基地拍摄商品照片时,由于光照和背景选取的原因,水果的颜色显得有些不自然。

请对原始的苹果图片(见图 5-71)进行修图,使其满足产品销售的大小、规格、色彩鲜艳度等标准,同时使色彩显得更加青翠欲滴以引起食欲。

图 5-71

Shangpin Xinxi Caiji yu Bianji

项目6
商品详情页设计

在商品信息的采集与处理中,商品详情页对于提升产品的品牌形象非常重要。当顾客进入产品页面后,详情页是吸引消费者产生购买行为的主体页面,直接决定了大多数商品的成交量。

1. 理解商品详情页的重要性;

2. 掌握商品详情页的设计原则;

3. 能规划产品页面布局;

4. 会使用 PS 制作详情页;

5. 会对详情页进行修改;

6. 熟练操作修图软件完成设计制作。

任务 6.1
商品详情页设计规划与布局

本任务对商品详情页设计的规划与布局进行介绍,让读者掌握电商商品页面的设计基础。本任务主要内容为商品详情页的构成要素和布局排版,详情页包括几类展示产品不同特点的图片,布局排版则根据不同图片有不同要求。

6.1.1　商品详情页构成要素

1. 商品详情页设计目标

在设计商品详情页时,需要让顾客在浏览时对产品留下最佳印象,减少选择时间,以降低决策成本。

商品详情页设计的核心目标是为客户提供舒适的购物体验。在产品页面中,消费者可以方便地浏览信息,快速找到所需商品,体验优质服务,同时要顺利转化至购买环节。设计师应注重视觉营销、品牌塑造、服务体验、互动便捷等方面,既要考虑到不同用户群体在不同场景下的需求,也要平衡信息的全面与复杂性。

构建实用而有效的整体展示与导购服务页面,主要的设计策略包括以下几点:

（1）品牌印象　通过展示高质量的产品图、品牌信息和亮点等，第一时间抓住消费者的眼球。同时注重服务体验和售后保障，提供网络购物时的安全感。塑造良好品牌印象是构建信任的基础，也是推动用户下单购物的关键。

（2）场景化　商品图应描述出主要的使用场景，展示功效、品质、风格等，向消费者传达产品与自身需求的匹配度和性价比，突出商品的价值。

（3）营销策略　不断强化商品的关键卖点，刺激顾客消费欲望。使用精心设计的图片，展示效果要远大于文字本身。图片中的文案应减少专业词汇，采用用户容易接受的宣传语。合理运用促销、价格工具等营销技巧，吸引消费者注意力，促进其做出购买决策。

（4）交互便捷　涉及流程包括浏览、分享、下载、收藏、加购物车、直接购买等，这些工具应直接出现在顾客视野中，随时随地都能互动操作，如图 6-1 所示。

图 6-1

随着智能手机的逐渐普及，移动购物开始成为主流。为适应移动互联网时代的快捷性，以及购物场景碎片化、决策时间短、人机互动频繁等特点，展示形式应以读图为主，文字信息尽量简化、精练。

2. 商品详情页的组成元素

一个优秀的商品详情页能兼顾商品交易决策和消费者互动体验两方面。展示商品的交易信息，应在内容排版、阅读、效果等方面提供良好体验。商品详情页的交互体验设计也很重要，应在关键位置、最佳时机提供合适工具，以完成最终的转化任务。

在详情页中将各类关键要素进行合理规划，是设计策略的体现形式。常见的商品详情页主要包括品牌、商品、服务、营销和互动五个重点页面元素。

（1）品牌元素　在商品详情页上展示品牌的特征，包括商家的信誉水平、商家认证资质、商品品质、服务评价及评分状况等。

（2）商品元素　包括商品标题、图片、参数、库存、价格、品牌、功效、品质、工艺、使用场景等。

商品是详情页设计过程中的核心要素,通过商品要素的各类信息展示,能向消费者传递商品的价值性。通过合理布局产品的各类信息,使消费者对商品的了解由浅入深,由不信任到产生兴趣,最终影响消费者对商品的认知。商品信息如图 6-2 所示。

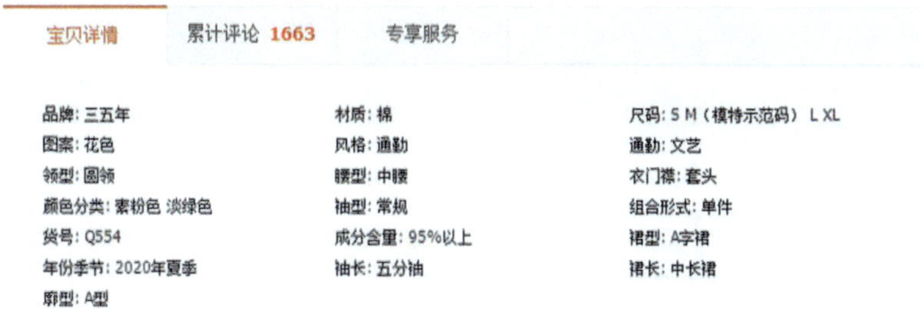

图 6-2

(3)服务元素　服务与商品紧密相关,也是商品详情页必不可少的部分。无论是实物商品还是虚拟商品,在电商的销售中都应附加丰富、高质量的销售服务,服务至上是消费者建立购物信任度的关键。通过让顾客感知服务的质量和便捷,提升其购买商品的决策信心。

(4)营销元素　营销主要是商品的促销活动与优惠政策,以及各类关联推荐等。常见的营销要素包括促销信息、促销标签、返利、奖励、优惠信息、赠品等。

(5)互动元素　主要是顾客在浏览详情页过程中的人机互动操作功能,包括收藏、关注、分享商品等,消费者可将商品收藏在个人中心,通过关注商品获取销售动态,已购消费者可分享商品给其他顾客,这些策略都能够推动产品的转化。

具体到详情页的子页面,可以分为海报展示、卖点解读、商品信息、搭配推荐、模特展示、平铺细节等区域。设计时应注意:海报彰显品牌的调性,抓人眼球、渲染气氛;卖点文案精练明了,提炼亮点,直击用户购买心理;商品信息样式统一,信息准确,注重细节;搭配推荐营造场景,样式代码化,图片切割准确,链接实时维护;模特全方位、多角度呈现,颜色排列主次分明;平铺细节多角度展示,修图精细,文案简明。

3. 不同商品的详情页

不同品类的商品,在详情页的设计中也有着一定的区别,具体可以体现在展示图片、页面风格、文字信息等方面。以下针对消费者关注的三个因素——商品价值、复杂程度、熟悉程度分别进行说明。

1)低价值、标准化商品

商品的价值较低、标准化程度高时,通常是设计简单且消费次数多的,例如生活中常用的卫生纸。这类商品的详情页设计重点突出价格实惠、质量有保障(见图 6-3),对标产品是超市等渠道。

2)低价值、非标准化商品

消费者对低价值商品决策相对容易、快速,非标准化则应突出多样化、与众不同。例如服装中普及的 T 恤,对于消费者而言,价格相对较低,商品的更多选择更为重要。相比之下,对其他附加

消息则没那么关注。所以在详情页中,主要内容是模特展示不同的颜色、角度等。建议准备同等价位的多个款式,可以给消费者提供更多选择(见图6-4)。

图 6-3　　　　　　　　　　　　　　　　　　图 6-4

3)高价值、非标准化商品

高价值、非标准化的商品通常很难找到同类产品进行对比,例如价格偏高的衣服。详情页需要展示尽量多的可靠信息,包括品牌证明、细节说明、正品保证、品牌故事等,以增强消费者的购买信心(见图6-5)。在这里,模特展示则不需要很多的角度和图片。

4)高价值、标准化商品

对于高价值、标准化的商品,消费者尤其关注正品、售后服务等内容,比如数码相机(见图6-6)。在详情页设计中,需要通过各种细节的展示,向消费者传达优秀的品质和售后服务。

图 6-5

图 6-6

5)高价值、功能型、非标准化商品

功能型、非标准化产品一般情况下价值较高,消费者想了解的信息通常比较丰富。以减肥产品为例(见图 6-7),详情页第一屏说明如何判断肥胖类型,第二屏讲清楚每种类型的引发原因,然后是解决这种类型的肥胖问题的方法,以及产品适合哪些类型的消费者使用,最后展示解决问题的专业顾问服务。

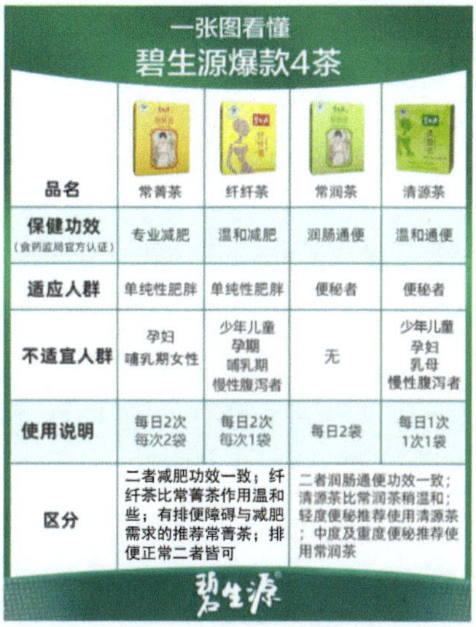
一张图看懂
碧生源爆款4茶

品名	常菁茶	纤纤茶	常润茶	清源茶
保健功效(食药监局官方认证)	专业减肥	温和减肥	润肠通便	温和通便
适应人群	单纯性肥胖	单纯性肥胖	便秘者	便秘者
不适宜人群	孕妇 哺乳期女性	少年儿童 孕期 哺乳期 慢性腹泻者	无	少年儿童 孕妇 乳母 慢性腹泻者
使用说明	每日2次 每次2袋	每日2次 每次1袋	每日2袋	每日1次 1次1袋
区分	二者减肥功效一致;纤纤茶比常菁茶作用温和些;有排便障碍与减肥需求的推荐常菁茶;排便正常二者皆可		二者润肠通便功效一致;清源茶比常润茶稍温和;轻度便秘推荐使用清源茶;中度及重度便秘推荐使用常润茶	

碧生源

图 6-7

总之,设计师应仔细分析店铺的级别、产品的类型等,将消费者希望看到的内容作为目标,找到适合的详情页设计要点。

6.1.2 商品详情页布局排版

1. 商品详情页的框架

一般商品的详情页包括焦点图、商品属性、商品卖点、商品细节、商品信息及品牌故事这 6 大板块,根据店铺、品牌、商品特性等不同,详情页的框架结构也会有所差异。

1)焦点图

详情页的焦点图是为推广该商品而设计的海报。设置详情页焦点图一般有两个目的:一是明确商品主体,突出商品优势;二是承上启下,做好商品信息过渡。详情页一般通过主图引入,因此商品卖点、特点等需要相互衔接,从而对主图信息进行延伸。如图 6-8 所示为主图与详情页焦点图。

2)商品属性

展示商品属性图片的目的是明确目标客户群体,让顾客在浏览详情页时判断自己准备购买的

(a)　　　　　　　　　　(b)

图 6-8

产品是否满足自己的需求(见图 6-9)。

3)商品卖点

顾名思义,商品卖点主要展示商品的特点。卖点图可使消费者对商品有基本的了解,并通过展示效果让消费者产生继续看下去的兴趣(见图 6-10)。

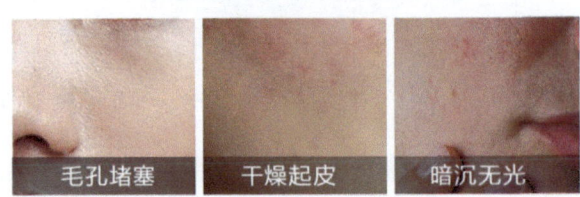

图 6-9　　　　　　　　　　　　　　　　图 6-10

4)商品细节

细节图的选择十分重要。细节图片一定要清晰、明了,尽量避免偏色。细节图需要较强的逻辑性,才能让消费者跟着商家的思路,完整地浏览一遍商品详情。细节图的样式一般分为两种:一种是同时放置商品图和细节图,将细节图指向商品的具体位置;还有一种是单独进行细节展示。不同类目的商品细节图的内容会有所差异,商家需根据商品的特点、卖点、优势进行细节展示。

5)商品信息

商品信息图用于展示商品详情,在该板块中需展现商品的参数,让消费者对商品有更客观的了解,如图 6-11 所示。

6)品牌故事

品牌故事是为了强化品牌价值,增加信赖感,使消费者了解企业情况,展现企业实力,在消费者心中树立品牌形象,通过此途径可以减少消费者的回购成本(见图 6-12)。

<table>
<tr><td>图 6-11</td><td>图 6-12</td></tr>
</table>

除了上述 6 个板块,还有商品的使用感受、商品使用方法等其他板块可在详情页中进行设计。目前国内主流电商平台都有自己相应的设计规范,京东平台在移动端对字号有明确规定,强调用户阅读体验;天猫平台没有特别要求;唯品会作为国内最大的特卖网站,其更注重的是用户使用体验。所以,在详情页设计中,需要结合产品特性、卖点以及平台规则对商品的详情页进行不同的设计。

2. 详情页排版方式

不同类目的商品的详情页排版情况不同,相同类目的不同风格排版方式也有差异。以下列举了几种典型的详情页排版方式。

(1)简单排版:商品图+细节图。

商品图+细节图是最基本的排版方式,实物商品的各个类目均可应用,最简单的只需商品图片即可说明。

(2)基础排版:模特图/商品使用图+商品展示图+细节图。

这种方式包含了三类图片,通过增加的模特图或使用图,将产品放在具体环境中进行展示。例如服装类商品的模特展示,可以让消费者直接感受穿着效果,有利于成交转化。

(3)升级排版:产品优势/功效图+模特图/商品使用图+商品展示图+细节图。

这种方式包含四类图片,增加的产品优势/功效图通常采用对比方法,介绍产品的不同点或独特优势。通过比较的方法表现商品的升级,可以让消费者更加信任产品,促进下单购买。

(4)全面排版:产品优势/功效图+模特图/商品使用图+商品展示图+细节图+品牌授权证明书/品牌实力展示+常见疑问解答+快递包装图。

这种方式包含了较全面的详情页要素。新加入的实力展示可使消费者加深印象、产生品牌信任感;疑问解答比咨询客服更快,可以提高顾客成交速度;快递包装图可以让关心的消费者对商品包装情况更加了解,消除购买顾虑。

▶ 知识拓展

商品详情页设计的其他建议：

1.商品详情页不宜过长，以免引起顾客阅读疲劳。如果设计的图片过大、页面太长，在手机端加载是很慢的，这会严重影响客户体验度。

2.增加商品推荐，关联销售。在商品描述详情页中可以适当地加入几个其他商品推荐，最好是自己店铺里面的热门商品，或者是店铺刚上新的商品。顾客如果对这款商品不满意，还可以选择其他商品，给顾客更多的选择，增加顾客购买欲。

3.引入商品好评或者实际案例，加深买家对商品的信任感。在商品详情页面，可以从自己店铺后台截取几张好评图片，加入到描述页面中来；也可以通过试用报告，将试用者对产品的相关描述和真人秀放到商品的描述详情页中，让看到的买家信任该商品，刺激买家的购买欲望。

总体来说，怎么样的设计才算是一个好的商品详情页呢？编辑好一个商品的详情页，要做到的一个原则就是尽量地突出商品的特点，给消费者呈现出最直观的感受，增加购买欲望，这样才能有效地提高商品的转化率。

任务 6.2
加湿器详情页设计与制作

▶ 任务分析

本任务将继续为项目 5 中已经制作过主图的加湿器设计详情页，最终完成一张长图片。通过介绍不同用途的分屏图设计，重点表现出产品的功能、特点和可爱的风格。

1.首屏图片

详情页首屏为加湿器的焦点图。

1）创建文件

打开 PS 软件，新建一个宽度为 790 像素、高度为 6000 像素、分辨率为 72 像素/英寸、颜色模式为 RGB 颜色的文件，将文件名设置为加湿器详情页。

2）加入背景

使用左侧工具栏的矩形工具，添加一个与白色画面等宽的矩形，设置填充颜色为灰色 RGB：98/98/98。添加植物图片素材，拖入详情页，放置在矩形图层上，右击植物图片图层创建剪贴蒙版，调整植物图片的位置（见图 6-13）。

3）输入文字

使用文字工具，分三行输入"萌宠""2019""新款加湿器"，位置居中，颜色设置为白色。

●"萌宠"字体设置为方正趣宋简体,字号为 72 点,两个字之间的间距为 200,颜色 RGB:255/ 255/255。

●"2019"设为思源黑体,字号 72 点,颜色 RGB:255/255/255,字间距 50。

●"新款加湿器"设为方正兰亭细黑简体,字号 30 点,字距 50。使下面两行字等宽,上下间距 调小,左右居中。在最下方输入广告语"加湿更补水",字号为 24 点(见图 6-14)。

图 6-13

图 6-14

4)加入蒙版

选择椭圆工具,在中间绘制一个圆形,大小覆盖图片中的文字信息(见图 6-15)。

单击右下角新建图层,将蒙版的位置移至背景素材上方。使用油漆桶填充黑色,调整不透明 度为 40%。在上方工具栏执行"选择"/"反选",在右下图层工具栏中添加蒙版图层,隐藏椭圆图层 (见图 6-16)。

图 6-15

图 6-16

最后微调图片、文字的大小和相对位置,获得满意的布局效果(见图 6-17)。将本屏所有的图 层加入新建图层组中,自动命名为组 1。

2. 第二屏图片

第二屏图片为加湿器的正面展示。

1)背景图

使用矩形工具,加入第二屏的黑色背景。将要加入的加湿器照片拖入文件,右键单击图层选 择"转换为智能对象"。移动图层至矩形上方,右键选择创建剪贴蒙版。调整图片的大小和位置

（见图 6-18）。

单击下方调整图层，选择"曲线"。在弹出的窗口中，分别调整线条上下的两点（见图 6-19），使明暗更加突出。右键选择创建剪贴蒙版。

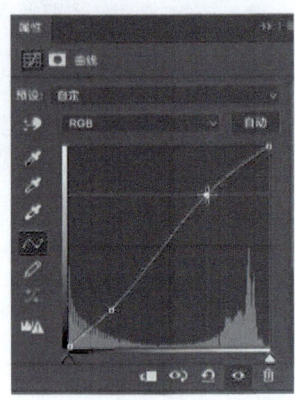

图 6-17　　　　　　　　　　图 6-18　　　　　　　　　　图 6-19

2）输入文字

输入第二屏的标题和广告语，可直接从主图中复制文字图层。设置标题为方正趣宋简体，字号 60。下方文字为方正兰亭细黑简体，字号 30。居中对齐（见图 6-20）。

3）加入素材

选择烟雾素材，加入图片中。调整大小和位置，将烟雾不透明度调整为 60%（见图 6-21）。将第二屏的所有图层加入图层组 2。

图 6-20　　　　　　　　　　　　　　　　图 6-21

3. 第三屏图片

选择矩形工具，绘制矩形框，将图片素材文件拖至矩形框内，调整图片尺寸大小。

选择文字工具，输入"治愈系设计""秋冬的一份礼物"，字体为方正趣宋简体，字号 60，对齐方式为右对齐，设置行距 72。然后在文字下方输入"创意设计，萌宠的救赎"，字体为方正兰亭细黑简体，字号 30，上下行靠右侧对齐。将图片、文字的位置、大小分别进行微调，将布局调至更平衡的状态（见图 6-22）。

4. 第四屏图片

1)调整图片

选择矩形工具,绘制矩形框,将图片素材拖至矩形框中,按"Shift"键调整图片大小,使其超出矩形框范围(见图6-23),按回车键,单击图片图层,右键选择剪贴蒙版。

图 6-22　　　　　　　　　　　　　图 6-23

单击属性栏新建图层蒙版,选择画笔工具,调整画笔大小为600像素,选择柔边圆。用白色画笔涂抹图片上边缘,至原图的绿色背景被虚化(见图6-24)。

然后选择黑色的蒙版图层,使用画笔涂抹人物的头发轮廓,将其再次显示出来(见图6-25)。

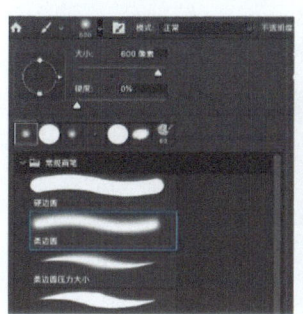

图 6-24　　　　　　　　　　　　　图 6-25

2)添加文字

将第一行文字改为"秋冬,喝水更需要补水",居中对齐。第二行文字改为"干净的季节,空调房,皮肤喝水更应补水"。微调背景图的位置和大小,完成本屏布局的调整。将本屏上部的图层归入图层组4。

3)加入多个图片

使用矩形工具,绘制颜色为黑色,宽190像素、高400像素的矩形(见图6-26)。复制3个相同矩形,并向右移动,使4个矩形均匀排列。

选定要加入的第一个图片素材,将其加入文件。设置图片图层,使图片图层位于矩形图层上方(见图6-27),矩形为图层蒙版。单击图片图层创建剪贴蒙版。

 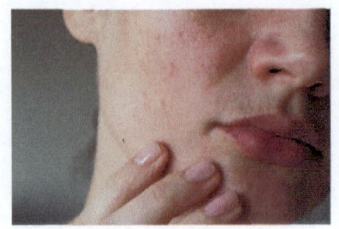 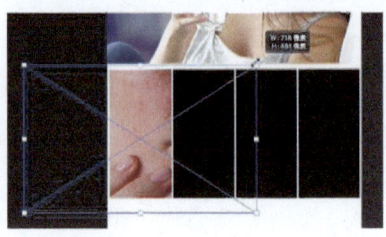

图 6-26　　　　　　　　　　　　　　　　　图 6-27

同理加入第二、第三、第四个图片素材,得到如图 6-28 所示的画面。

4)加入小标题

设置矩形宽为 190 像素、高 60 像素,将其置于左侧第一张图片下方并对齐。

调整矩形不透明度为 60%,加入白色文字小标题"皮肤干燥",设置大小为 28 点,与矩形居中对齐,将文字图层置于矩形图层上方(见图 6-29)。

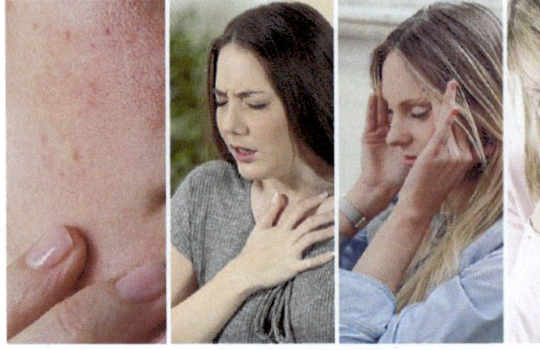 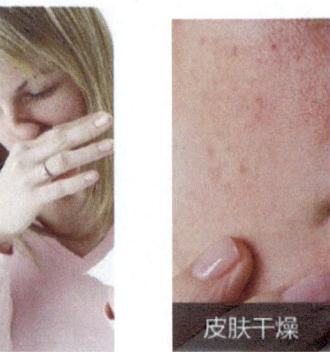

图 6-28　　　　　　　　　　　　　　　　　图 6-29

复制标题文字与背景,分别与右侧的几张图片底端对齐。分别修改后几个标题文字(见图 6-30)。将本屏下方所有图层加入图层组 4 副本。(注意:每一个文字图层均需置于矩形图层上方,否则无法显示文字。)

图 6-30

5. 第五屏图片

第五屏图片为加湿器的功能展示。

1）调整背景图

复制第四屏上部的图层组，移动该图层于最上方。修改图层组名称为图层组 5。删除图片图层，将所需图片拖至 PS 文件中，修改标题为"加湿滋润一步到位"，说明的文字内容改为"不受限制更满足不同环境加湿要求"，设置对齐方式为水平居中，如图 6-31 所示。

2）加入图标 1

在文件夹中选择要加入的图标素材，拖入 PS 文件，在粘贴的弹窗中选择智能对象，单击确定。调整图标大小和位置（见图 6-32）。

使用椭圆工具，为图标加入圆形边框，大小与图标外缘相同。

使用椭圆工具，为图标加入圆形边框，将圆形填充为"无"，边线为黑色，点数设为 1。将图标的图层移至圆形图层上方。选中图标、圆框两个图层，移动至文字左下（见图 6-33）。

图 6-31　　　　　　　　　　　图 6-32　　　　　　　　　　　图 6-33

复制圆形图层，将其移至图标和小圆下方。微调大小至比内圆稍大一些，与其中心对齐。

选择图层中的"效果"，设置图标为"颜色叠加"，在拾色器中设为灰色。选中内圆图层，将线段宽度改为 1 像素（见图 6-34）。

使用文字工具，在图标下方加入相应的宣传语"睡觉加湿"。修改大小为 24 点，字体为方正兰亭细黑简体（见图 6-35）。

3）加入图标 2

将图标和文字的图层设为图层组，复制并右移，获得 4 个并列的图标（见图 6-36）。

选中 4 个图层组，设置上方的对齐方式为竖向分布，使间距相同。

拖入第二个图标，调整大小和位置，删掉复制的第一个图标。

选择图层效果为颜色叠加，混合模式正常，在拾色器中使用取色，设置图标颜色与第一个的黑色相同。调整内部的图标文件大小，修改下方文字（见图 6-37 和图 6-38）。完成第二个图标的调整。

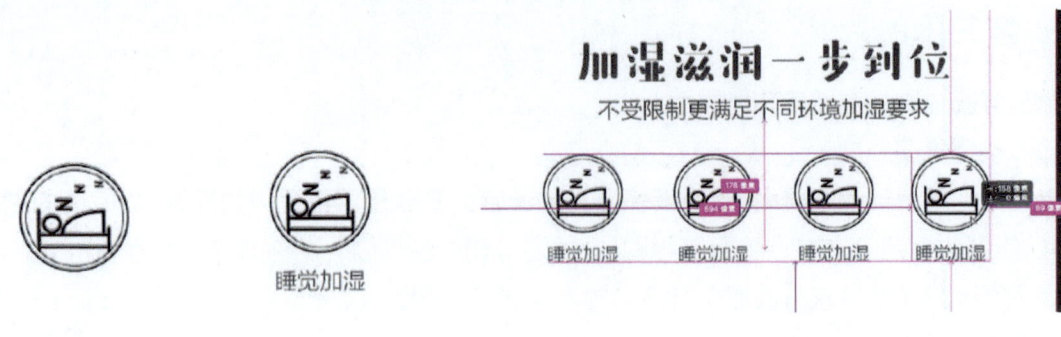

图 6-34　　　　　　　图 6-35　　　　　　　　　　　图 6-36

　　重复上述步骤,更换图标 3、图标 4 及其说明文字。复制上方的说明文字,修改为本页中部的文案"工作学习办公宿舍加湿",移动位置至左右居中,字号设为 36,如图 6-39 所示。将本页图层归入图层组 5。

图 6-37　　　　　　　图 6-38　　　　　　　　　图 6-39

6. 第六屏图片

第六屏图片为加湿器的宣传语。

添加图层蒙版,使用柔边圆画笔,先用黑色将图片上边缘擦除。

改用白色的小尺寸画笔,将人物的头发重新涂抹清晰(见图 6-40)。

7. 第七屏图片

第七屏图片为加湿器的使用步骤。

1)调整背景

在工具栏中使用矩形工具,为图片加入本屏的背景,填充色设置为 RGB:238/238/238。尺寸 W 为 795 像素,H 为 895 像素。使用横排文字工具,输入文字"简单四步开启滋润之旅",设置字体为"方正兰亭中粗黑简体",字体大小为 36 点,颜色为 RGB:27/27/27,居中对齐,如图 6-41 所示。

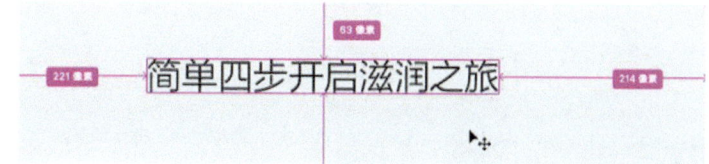

图 6-40　　　　　　　　　　　　　　　　　图 6-41

2)添加图文 1

使用工具栏当中的矩形工具,填充色为白色。设置宽度 W 为 350 像素,高度 H 为 300 像素。将其置于文字左下方。按住"Alt"键复制矩形图层,移至右侧,与左侧形状居中对齐,如图 6-42 所示。

加入素材"步骤一",覆盖在左侧矩形上。在图层面板中将"步骤一"图层居于左侧矩形图层之上,右击"步骤一"图层创建剪贴蒙版,将照片设为剪贴画效果,按"Ctrl＋T"调整图片大小及显示位置。在图片下方输入序号和文字"1. 准备安装",设置字体为"方正兰亭细黑简体",字体大小为 24 点,颜色为 RGB:27/27/27,与矩形图片水平居中对齐,如图 6-43 所示。

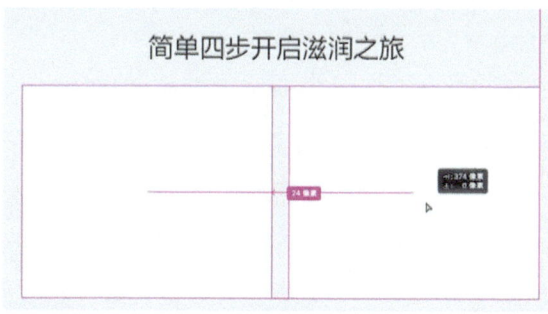

图 6-42　　　　　　　　　　　　　　　　　图 6-43

3)添加其他图文

重复上述步骤完成其他图文的添加。在图层面板中创建新组,将有关第七屏加湿器的使用步骤的所有图层置入其中,如图 6-44 所示。

8. 第八屏图片

第八屏图片为加湿器的具体参数。

1)设置标题

绘制标题的矩形背景。在工具栏中选择矩形工具,填充色为 RGB:232/85/79,设置宽 W 为 791 像素,高度 H 为 164 像素。单击页面,创建矩形。在矩形中输入文字"产品参数",设置字体为"方正兰亭中粗黑简体",字体大小为 48 点,颜色为白色,居中对齐。使用矩形工具在文字下方绘制出矩形,填充色为白色,设置宽 W 为 70 像素,高 H 为 2 像素,调整文字和矩形居中对齐。输入英文标题"PRODUCT PARAMETERS",设置字体为"方正兰亭中粗黑简体",字体大小为 14 点,颜色为白色,如图 6-45 所示。

图 6-44   图 6-45

2)美化背景

在工具栏中选择自定形状工具,在上方属性栏的形状库中选出要用的雪花图案"雪花 3"。在页面拉伸至高度超过红色矩形,形状默认,填充颜色为白色。将雪花移至左上,调整不透明度为10%,旋转图形并微调大小,如图 6-46 所示。

复制雪花图层,移至左下和右下,分别调整大小,完成标题的背景设置,如图 6-47 所示。

图 6-46   图 6-47

3)加入设计主体

将素材"商品正面图"置入页面中,调整大小与位置,使产品主体居中。在图层面板中对"商品正面图"设置图层蒙版,模式为正常,前景色为黑色,擦除照片四周的明显边缘,如图 6-48 所示。

4)设计标尺

在左侧工具栏中选择直线工具,在图片右上方加入一条横向直线,填充色为黑色,设置宽 W 为

54 像素,高 H 为 1 像素,粗细为 1 像素。在横向直线的中心位置下拉出一条垂直的竖线,填充色为黑色,设置宽 W 为 1 像素,高 H 为 193 像素,粗细为 1 像素。在图层面板中按"Shift"键连选之前所作的横线和竖线,按"Ctrl＋J"复制,在工作区域将所复制出来的线条移至下方,选择菜单栏中的"编辑"/"变换"/"旋转 180 度",获得垂直对称的两组线段,如图 6-49 所示。

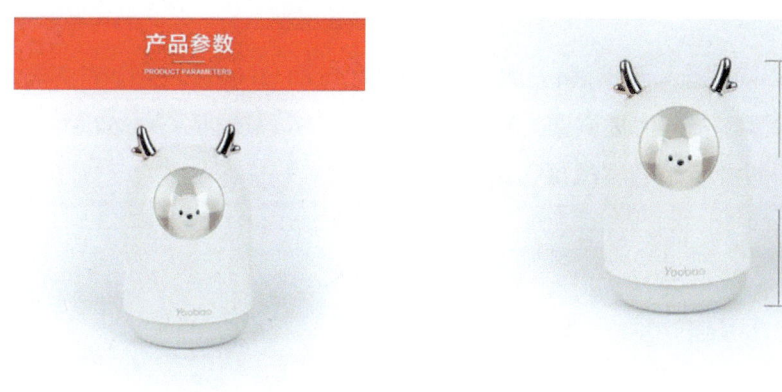

图 6-48 　　　　　　　　　　　　　　　　图 6-49

在商品右下方拉出一条垂直的竖线,填充色为黑色,设置宽 W 为 1 像素,高 H 为 27 像素,粗细为 1 像素。在竖线的中心位置拉出一条横向直线,填充色为黑色,设置宽 W 为 97 像素,高 H 为 1 像素,粗细为 1 像素。在图层面板中按"Shift"键连选之前所作的横线和竖线,按"Ctrl＋J"复制,在工作区域将所复制出来的线段移至左侧,选择菜单栏中的"编辑"/"变换"/"旋转 180 度",获得水平对称的两组线段,如图 6-50 所示。

5)输入数字

输入文字"143 mm"和"88 mm",设置字体为"方正兰亭中粗黑简体",字体样式为"Regular",字体大小为 18 点,颜色为 RGB:58/58/58。将文字"143 mm"顺时针旋转 90°。在商品下方输入文字"象牙白",字体设置为"方正兰亭中黑简体",字体样式为"Regular",字体大小为 28 点,颜色为 RGB:58/58/58,如图 6-51 所示。

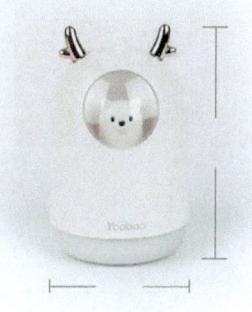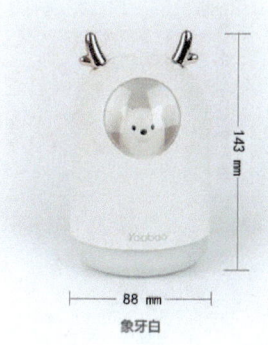

图 6-50 　　　　　　　　　　　　　　　　图 6-51

6）加入参数文字

使用文字工具，输入产品的参数名称，设置字体为"方正兰亭纤黑简体"，字号为 24 点，行距为 72，颜色为 RGB：58/58/58。设为左对齐。按"Alt"键复制文字图层，平移至右侧，使用横排文字工具修改文字内容，如图 6-52 所示。

7）设置表格

在第一、二行文字中间插入横线，填充颜色 RGB：170/170/170。设置宽 W 为 615 像素，高 H 为 1 像素，粗细为 1 像素。按照上述设置分别完成剩下横线的添加，如图 6-53 所示。在图层面板中创建新组，将产品参数的所有图层都置入其中。

图 6-52　　　　　　　　　　　　　　　　　图 6-53

9. 第九屏图片

第九屏图片为加湿器的包装展示。

1）设置标题

在图层面板中选中上一屏有关产品参数的标题图层，按"Ctrl+J"复制。在工作区域将复制的图文移到第九屏，使用横排文字工具修改中文、英文内容为本屏标题，如图 6-54 所示。

图 6-54

2）调整照片

打开素材"商品＋外包装"，调整图片的大小和位置，置于标题下方。在图层面板中对"商品＋外包装"图层设置蒙版，模式为正常，前景色为黑色，擦除照片四周的明显边缘，如图 6-55 所示。

3)添加文字

在素材"商品＋外包装"左下角绘制圆角矩形,填充颜色 RGB:232/85/79,设置宽 W 为 167 像素,高 H 为 40 像素,圆角半径为 10 像素。在圆角矩形内插入文字,设置字体为"方正兰亭细黑简体",设置字号为 22 点,颜色为白色。复制图形和文字,平移至右侧,重复上述操作完成其余图形的添加和调整,如图 6-56 所示。创建新组,将本屏内的元素归为图层组。

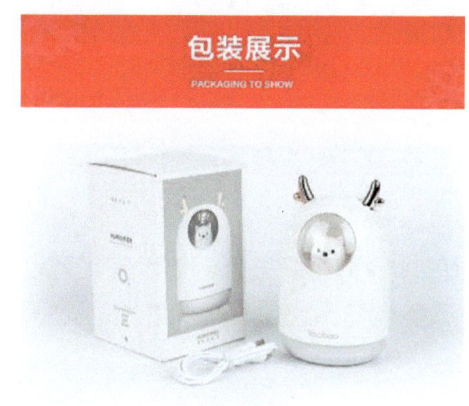

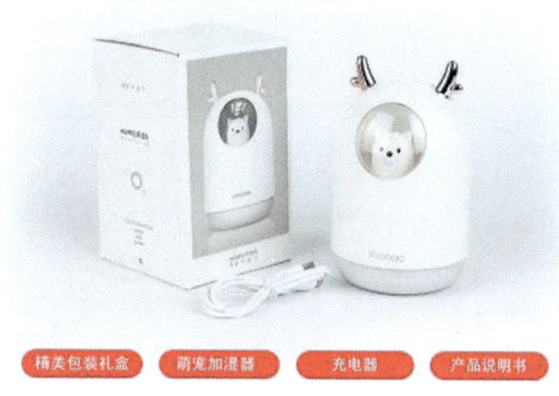

图 6-55　　　　　　　　　　　　　　　图 6-56

完成加湿器详情页的制作,单击保存,并将图片输出为 JPEG 格式。

任务 6.3
花瓶详情页设计与制作

> **任务分析**

本任务对花瓶的详情页制作过程进行分解说明,按顺序、分层次地完成本商品的图文设计。

1. 整体展示图

打开 PS 软件,执行"文件"/"新建"命令,在弹出的"新建"对话框中设置文档的各项参数,如图 6-57 所示。

输入新文件名称——花瓶详情页,设置空白文档的大小为宽度 790 像素、高度 7606 像素,"预设"选择"自定",分辨率为 72 像素/英寸,颜色模式为 RGB,默认 8 位,背景内容为白色,单击"确定",即获得竖向的白色画布。

单击左侧工具栏中的矩形工具,在页面上绘制矩形,尺寸为宽 790 像素、高 1089 像素,填充颜

色 RGB:20/20/22,描边颜色无,单击页面,确定创建矩形。使用移动工具将其移到花瓶详情页头部,如图 6-58 所示。

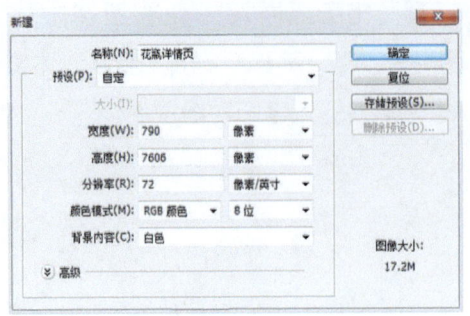

图 6-57　　　　　　　　　　　　　图 6-58

在菜单栏中单击"文件",打开"细节 78"素材图片,对图片的饱和度进行调整。在图层面板底部单击"创建新的填充或调整图层",勾选"自然饱和度",调整自然饱和度为－6,饱和度为－7,如图 6-59 所示。

按住"Ctrl"键选中两个图层,右击鼠标选择"合并图层",如图 6-60 所示。

单击菜单栏中的"图像"/"图像大小",选择"约束比例",调整宽度为 790 像素,如图 6-61 所示。

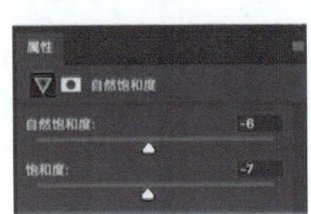
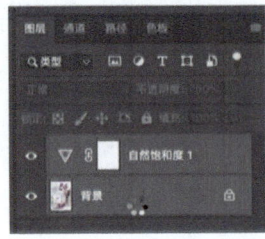
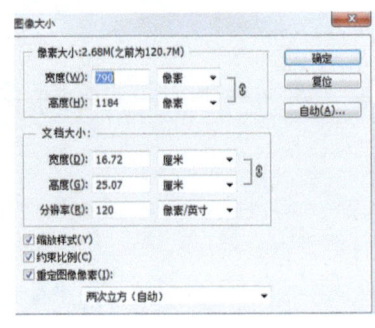

图 6-59　　　　　　　　图 6-60　　　　　　　　图 6-61

将调整后的"细节 78"素材图片置入花瓶详情页的头部,在图层面板中将"细节 78"素材图片的图层置于矩形图层之上,单击"细节 78"素材图片的图层,按"Ctrl＋Alt＋G"创建剪贴蒙版,使矩形限制"细节 78"素材图片的显示状态。

按"Ctrl＋T"自由变换工具,调整"细节 78"素材图片的大小和位置,如图 6-62 所示。

在工具箱中选择横排文字工具,在图片上方输入文本内容,设置"一个高颜值"文本字体格式为"思源黑体 CN"、72 点、黑色,字体样式为"Bold",字符字间距为 25。设置"轻奢花瓶"文本字体格式为"思源黑体 CN"、72 点、黑色,字体样式为"Bold",字符字间距为 300。

按"Ctrl"键在图层面板中选中两个文字图层,调整文字的大小与位置。

在工具箱中选择圆角矩形工具,在文字下方绘制与文字等宽的圆角矩形,设置填充色为 RGB:227/215/204,描边颜色无,尺寸宽 394 像素、高 55 像素,圆角半径为 40 像素,如图 6-63 所示。

在图层面板中单击圆角矩形图层,在图层面板底部单击"fx"按钮,勾选"颜色叠加",设置混合模式为正常,颜色为 RGB:59/59/59,不透明度为 100%。

在工具箱中选择横排文字工具,输入文本内容,设置"〈可能比你想象中更优秀〉"文本字体格式为"思源黑体 CN"、24 点、RGB:221/221/228,字体样式为"Bold",字符字间距为 50。文字居于圆角矩形之上,按住"Ctrl"键选择文字和圆角矩形图层,在上方工具属性栏中单击水平居中对齐,如图 6-64 所示。

图 6-62　　　　　　　　　　图 6-63　　　　　　　　　　　　　图 6-64

在图层面板中新建一个图层,使用工具栏中的画笔工具,选择干边深描油彩笔笔刷,设置画笔大小为 55 像素,前景色 RGB:212/159/202,按住"Shift"键画出高约 155 像素的笔刷。笔刷方向垂直于页面。

在工具箱中选择竖排文字工具,输入文本内容,设置"薰衣草"文本字体格式为"思源黑体 CN"、24 点、RGB:255/255/255,字体样式为"Medium",字符字间距为 200。

按住"Ctrl"键选择文字和笔刷图层,在上方工具属性栏中单击水平居中对齐,如图 6-65 所示。

在图层面板中新建图层,居于"细节 78"素材图片图层之上。不透明度设置为 70%,使用画笔工具,按"Alt"键吸取"细节 78"素材图片的背景颜色,画笔设置为"柔边圆",画笔大小为 600,涂抹"细节 78"素材图片中左侧薰衣草,降低其饱和度,如图 6-66 所示。

图 6-65　　　　　　　　　　　　　图 6-66

在图层面板中创建新组,将之前所做的有关"整体展示图"的所有图层都置于新组当中,命名为 1,如图 6-67 所示。

2. 细节说明图

使用工具栏中的矩形工具在距离上张整体展示图 275 像素的距离处绘制一个矩形，设置填充色为黑色，描边颜色无，尺寸宽 790 像素、高 721 像素，如图 6-68 所示。

在工具箱中选择横排文字工具，输入文本内容，设置"新轻奢主义懂你所需"文本字体格式为"思源黑体 CN"、72 点、RGB：53/53/53，字体样式为"Bold"，字符字间距为 50。

标题文字与上张图片间距为 85 像素，与下方矩形间距为 115 像素。

使用椭圆工具在上述文本内容之间绘制一个圆点，设置填充色 RGB：53/53/53，描边颜色无，尺寸宽 11 像素、高 11 像素。单击"视图"/"显示"/"智能参考线"，将椭圆移至空格中间。当椭圆与文字、图片对齐时，会有粉红色智能参考线出现，如图 6-69 所示。

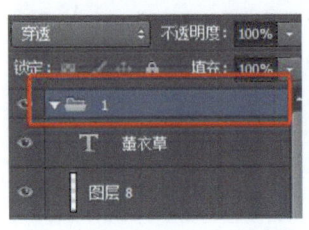

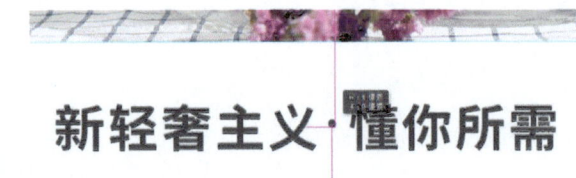

图 6-67　　　　　　　图 6-68　　　　　　　图 6-69

在工具箱中选择圆角矩形工具，在标题下方绘制 3 个圆角矩形。设置填充色无，边框颜色 RGB：62/62/62，描边宽度 2 像素，尺寸宽 195 像素、高 43 像素，圆角半径 40 像素。

在工具箱中选择横排文字工具，在 3 个圆角矩形中输入文本内容，设置"色料玻璃""高温电炉""22K 手描真金"文本字体格式为"思源黑体"、26 点、RGB：53/53/53，字体样式为"Regular"，居中对齐，如图 6-70 所示。

新轻奢主义·懂你所需

色料玻璃　　高温电炉　　22K手描真金

图 6-70

在图层面板中创建新组，将上述所做的有关"细节说明图"的所有图层都置于新组当中，命名为 2，如图 6-71 所示。

1）细节图 1

在菜单栏中单击"文件"，打开"细节 1"素材图片，将其覆盖在"矩形 2"图层上方。调整图片大小与位置。在图层面板中单击"细节 1"素材的图层，按"Ctrl＋Alt＋G"创建剪贴蒙版，使矩形限制"细节 1"素材图片的显示状态，如图 6-72 所示。

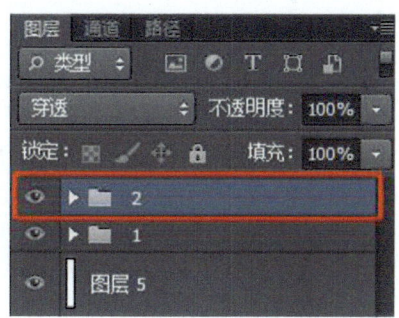

图 6-71　　　　　　　　　　　　　　　　　图 6-72

　　在图片左下角输入文本内容"01"，设置文本字体格式为"DIN Medium"、60 点、白色。

　　在数字"01"下方输入文本"真金才是真轻奢"，字体选择"思源黑体 CN"，字体样式"Bold"，字体大小 48 点，所选字符的字间距为 50，颜色为白色。在图层面板底部单击"fx"按钮，勾选"投影"，混合模式选择"正片叠底"，颜色 RGB：82/82/82，不透明度 35％，角度 134 度，使用全局光，距离 1 像素，扩展 0％，大小为 2 像素。与上方"01"左对齐，如图 6-73 所示。

　　按住"Alt"键，单击文字"真金才是真轻奢"移至下方。然后修改文字内容为"升级 22K 真金，更显轻奢品质"，字体选择"思源黑体 CN"，字体样式为"Normal"，字体大小为 30 点，所选字符的字间距为 50，颜色为白色。在图层面板中按住"Shift"键连选"真金才是真轻奢"和"升级 22K 真金，更显轻奢品质"文字图层，调整位置，与数字"01"左对齐。

　　使用工具栏中的矩形工具，在数字下方添加横向的白色矩形。填充色为白色，描边无，尺寸为宽 25 像素、高 3 像素。单击页面，确定创建矩形。选择该矩形图层，按"Ctrl＋J"键再复制两个矩形。三个矩形等距排列。将全部白色元素左对齐，如图 6-74 所示。

图 6-73　　　　　　　　　　　　　　　　　图 6-74

　　在图层面板中创建新组，将上述所做的有关"细节图 1"的所有图层都置于新组当中，命名为 3-1，如图 6-75 所示。

　　2）细节图 2

　　在工作区按"Alt"键复制"细节图 1"，在图层面板中修改文件夹名称为 3-2。将所复制的图片向下移动至与上方"细节图 1"间隔为 35 像素的留白区域，如图 6-76 所示。

　　单击"文件"，打开"细节 2"素材图片，将图片置入详情页，覆盖在"细节图 1"上，按"Ctrl＋T"出现变换框后,再按住"Shift"键等比例调整图片大小。

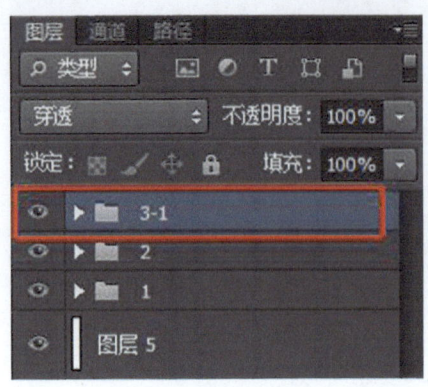

图 6-75　　　　　　　　　　　　　　　图 6-76

　　在图层面板中将素材"细节 2"图层拖入文件夹 3-2,删除"细节 1"素材图层,将素材"细节 2"图层居于矩形图层之上。单击"细节 2"素材图层,按"Ctrl＋Alt＋G"创建剪贴蒙版,使矩形限制"细节 2"素材图片的显示状态。调整图片位置,如图 6-77 所示。

　　在图层面板中按住"Shift"键连选"真金才是真轻奢"文字图层、"升级 22K 真金,更显轻奢品质"文字图层、"01"数字图层以及三个白色矩形条,在上方工具属性栏中单击右对齐调整位置。修改文字内容,内容改为"02""升级高温电炉""提高玻璃通透质感",右对齐文字,如图 6-78 所示。

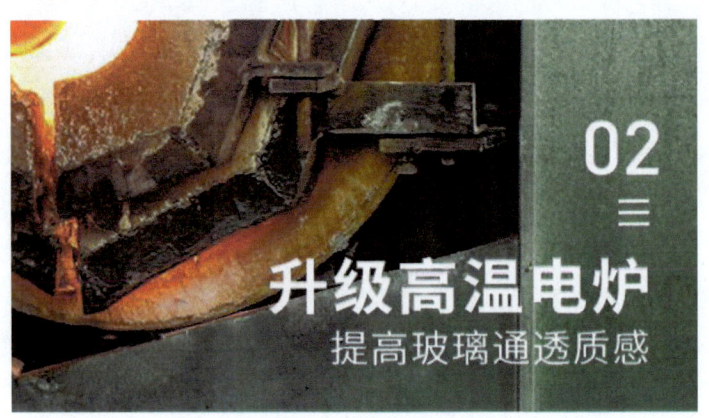

图 6-77　　　　　　　　　　　　　　　图 6-78

　　在图层面板中新建图层,置于"细节 2"素材图层上方,按"Ctrl＋Alt＋G"创建剪贴蒙版。前景色 RGB:39/39/39,使用大小为 800 的画笔工具,涂抹在"细节 2"素材图片的右下方位置,不透明度设置为 60％,如图 6-79 所示。

　　3)细节图 3

　　复制"细节图 1"的图层组,将其整体向下移动至与上方"细节图 2"间隔为 35 像素的留白区域,如图 6-80 所示。

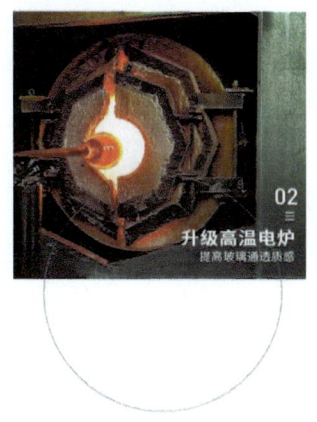

图 6-79

图 6-80

在图层面板中选中"3-1"组、"3-2"组、"3-1 副本"组,在上方工具属性栏中单击垂直居中分布。修改"3-1 副本"组的名称为"3-3",如图 6-81 所示。

单击"文件",打开"细节 3"素材图片,将图片置入详情页,覆盖在"细节图 2"上,按"Ctrl＋T"出现变换框后,再按住"Shift"键等比例调整图片大小。

在图层面板中将"细节 3"素材图层拖入文件夹 3-3,删除"细节 2"素材图层,将素材"细节 3"图层居于矩形图层之上。单击"细节 3"素材图层,按"Ctrl＋Alt＋G"创建剪贴蒙版,使矩形限制"细节 3"素材图片的显示状态。调整图片位置,分别修改序号和文字内容,如图 6-82 所示。

图 6-81

图 6-82

3. 特征说明

在距离细节图下方 80 像素的位置,输入标题文字"好产品 细节是关键",字体选择"思源黑体 CN",字体样式"Bold",字体大小 72 点,行距为 90 点,所选字符的字间距为 50,颜色 RGB 为 53/53/53。调整位置至水平居中,如图 6-83 所示。

输入下方说明文字"好工艺不褪色",字体选择"思源黑体 CN",字体样式"Regular",字体大小 24 点,所选字符的字间距为 50,颜色 RGB 为 53/53/53,如图 6-84 所示。

单击"文件",打开素材"工艺品",调整其大小,置于文字上方。选中素材"工艺品"图层,在图层面板底部单击"fx"按钮,勾选"颜色叠加",混合模式为"正常",颜色 RGB:231/147/101,不透明度 100％。

选择工具栏中的自定形状工具,在上方工具属性栏中单击"形状"/"水波",设置填充颜色为黑色,在文字下方插入此元素,大小与上方图标相同,如图 6-85 所示。

图 6-83　　　　　　　　　图 6-84　　　　　　　　　图 6-85

其余图标、文字、自定形状的制作与上述步骤一致。四个产品卖点素材间距为 40 像素。创建 4 个新组,将图标、文字、自定形状分别置入进去,如图 6-86 所示。

在图层面板中选择素材"花瓶"图层,在图层面板底部单击"fx"按钮,勾选"描边",大小为 1 像素,位置"外部",混合模式"正常",不透明度 100％,填充类型"颜色",颜色 RGB:234/162/122,如图 6-87 所示。

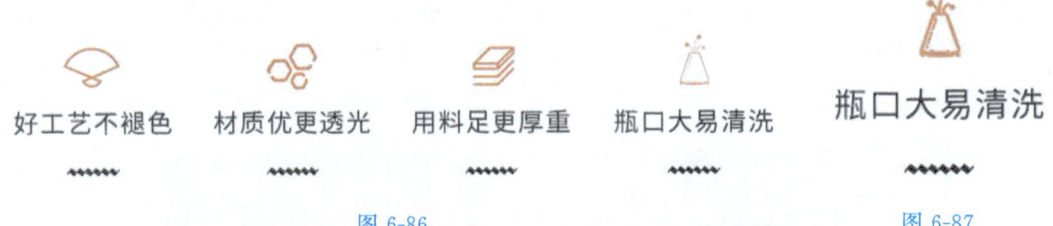

图 6-86　　　　　　　　　　　　　图 6-87

在工具栏中选择直线工具,在产品卖点素材中间画出分割线。填充无,描边颜色 RGB:229/229/229。描边宽度为 1 像素,描边选项虚线 0、间隙 2。尺寸宽 1 像素、高 201 像素,粗细 1 像素,如图 6-88 所示。

复制虚线并右移至第二、三个图标的右侧,在相邻文字间的空白处水平居中。

创建新组,将全部竖线置于新的文件夹中,统一设置不透明度为 70％。创建新组,将"特征说明"所有图层元素都置入其中,命名为 4。完成的特征说明如图 6-89 所示。

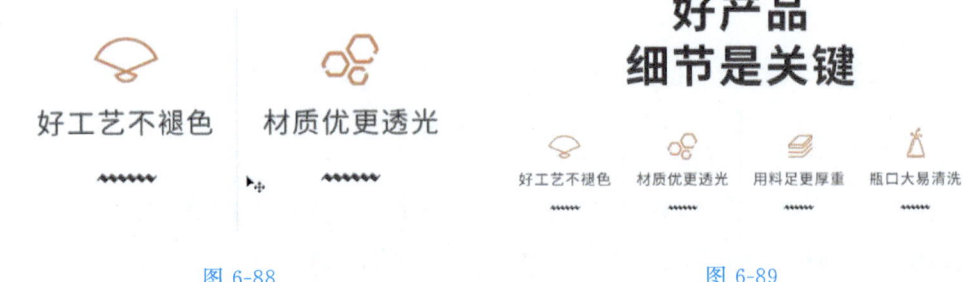

图 6-88　　　　　　　　　　　　图 6-89

4. 工艺展示图

1)工艺图1

在距离产品卖点下方 55 像素的位置创建矩形。使用工具栏中的矩形工具,填充颜色 RGB: 249/239/238,描边无,尺寸宽 790 像素、高 2606 像素。单击页面,确认创建矩形,如图 6-90 所示。

输入文字"用料足 更厚重",字体选择"思源黑体 CN",字体样式"Bold",字体大小 72 点,所选字符的字间距为 50,颜色 RGB 为 42/42/42,水平居中对齐。

在标题下方输入文字"加厚瓶身瓶底,赋予更好的质感,同时让花瓶摆放更平稳",字体选择"思源黑体 CN",字体样式"Regular",字体大小 28 点,所选字符的字间距为 50,颜色 RGB 为 42/42/42,如图 6-91 所示。

图 6-90　　　　　　　　　　　　　　　图 6-91

使用圆角矩形工具在屏幕中间插入圆角矩形。填充色 RGB 为 255/177/134,尺寸宽 700 像素、高 649 像素。圆角半径 40 像素。单击页面,确认创建圆角矩形。圆角矩形与上方文字以及与两侧页边均保持一定的间隔,如图 6-92 所示。

单击"文件",打开素材"细节 4",置入矩形图层上方,按"Ctrl＋T"出现变换框后,再按住"Shift"键等比例调整图片大小,单击"细节 4"素材图层,按"Ctrl＋Alt＋G"创建剪贴蒙版,使矩形限制"细节 4"素材图片的显示状态。调整图片位置,如图 6-93 所示。创建新组,将"工艺图 1"所有的图层都置入其中。

图 6-92　　　　　　　　　　　　　　　图 6-93

2）工艺图 2

在图层面板中单击包含"工艺图 1"图文元素的文件夹，在工作区按"Alt"键复制并移至下方位置，如图 6-94 所示。

修改标题为"摆放哪里都刚刚好"，说明文字改为"餐桌｜沙发｜办公｜窗边｜床头柜｜茶几"，如图 6-95 所示。

单击"文件"，打开素材"工艺图 2"，在工作区将素材覆盖在所复制出来的"工艺图 1"上。在图层面板中，删除复制组当中的"工艺图 1"素材图层，将"工艺图 2"素材图层放于矩形图层之上。单击素材"工艺图 2"图层，按"Ctrl＋Alt＋G"创建剪贴蒙版，使矩形限制"工艺图 2"素材图片的显示状态。按"Ctrl＋T"出现变换框后，再按住"Shift"键等比例调整图片大小，如图 6-96 所示。

图 6-94　　　　　　　　　　　　图 6-95　　　　　　　　　　　　图 6-96

使用工具栏当中的椭圆工具，画出椭圆形。填充色 RGB：249/239/238，描边无，尺寸宽 24 像素、高 23 像素，调整位置，如图 6-97 所示。

使用工具栏当中的多边形工具，在工具属性栏中选择填充色 RGB：249/239/238，描边无，边长为 3，调整位置，将两个图形拼接成对话框的形状，如图 6-98 所示。

在椭圆当中输入文字"黄色百合花"，字体选择"思源黑体 CN"，字体样式"Medium"，字体大小30 点，行距为 36 点，颜色 RGB 为 42/42/42，如图 6-99 所示。

图 6-97　　　　　　　　　　　　图 6-98　　　　　　　　　　　　图 6-99

3）工艺图3

在图层面板中新建组，将"工艺图2"的所有图层归为一个图层组。在工作区按"Alt"键复制"工艺图2"图片，向下移动至与上方"工艺图2"间隔为30像素的留白区域，如图6-100所示。

单击"文件"，打开素材"工艺图3"，在工作区将素材覆盖在所复制出来的"工艺图2"上。在图层面板中删除复制组当中的"工艺图2"素材图层，将"工艺图3"素材图层居于矩形之上。单击素材"工艺图3"图层，按"Ctrl＋Alt＋G"创建剪贴蒙版，使矩形限制"工艺图3"素材图片的显示状态。按"Ctrl＋T"出现变换框后，再按住"Shift"键等比例调整图片大小。

重复上述"工艺图2"的对话框的制作步骤，输入文字"粉色郁金香"，字体选择"思源黑体CN"，字体样式"Medium"，字体大小30点，行距为36点，颜色RGB为42/42/42，如图6-101所示。

图 6-100

图 6-101

5. 产品参数图

1）标题

在距离上方"工艺图3"60像素的位置输入英文标题"｜ product parameters ｜"，字体选择"DIN Medium"，字体大小20点，颜色RGB为42/42/42。在英文标题下方输入中文标题"产品参数"，字体选择"思源黑体CN"，字体样式"Bold"，字体大小60点，所选字符的字间距为50，颜色RGB为42/42/42。调整位置，居中对齐。

在标题下方分两列加入参数说明。使用文本框工具输入文字"品牌：目木家居""品名：轻奢描金玻璃花瓶""用途：餐桌、沙发、办公、窗边、床头柜、茶几"，字体选择"思源黑体CN"，字体样式"Medium"，字体大小20点，行距为36点，颜色RGB为61/61/61，文字左对齐，如图6-102所示。

在图层面板中选择左侧参数说明图层，在工作区按"Alt"键平移复制参数内容至右侧对称的位置，如图6-103所示。

保持上边缘对齐，分行修改文字内容为"材质：玻璃""工艺：手工吹制""颜色：烟灰色、透明色"。

| PRODUCT PARAMETERS |
产品参数

品牌：目木家居
品名：轻奢描金玻璃花瓶
用途：餐桌、沙发、办公、窗边、床头柜、茶几

图 6-102

图 6-103

在图层面板中按"Shift"键选择参数图层，整体移动两个文字图层，与标题水平居中对齐，如图 6-104 所示。

2）抠图

单击"文件"，打开素材"细节 28"、素材"细节 29"。使用钢笔工具对这两张图片进行抠图处理，如图 6-105 所示。

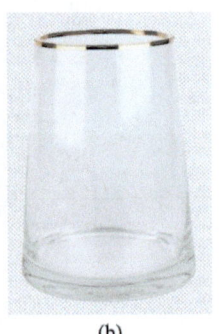

图 6-104

(a)　　　　(b)

图 6-105

3）图片处理

将进行抠图后的两个素材添加到产品参数下方，分别调整图片的大小和位置，如图 6-106 所示。在图层面板中创建新组，将素材"细节 28"和素材"细节 29"置入其中。

在图层面板底部单击"创建新的填充或调整图层"，选择"亮度/对比度"，亮度为 31，对比度为－9。在图层面板中将"亮度/对比度"置于两个瓶身的文件夹之上，单击"亮度/对比度"，按"Ctrl＋Alt＋G"创建剪贴蒙版，调整两个瓶身的亮度，如图 6-107 所示。

品名：轻奢描金玻璃花瓶　　　　工艺：手工吹制
用途：餐桌、沙发、办公、窗边、床头柜、茶几　　颜色：烟灰色、透明色

图 6-106

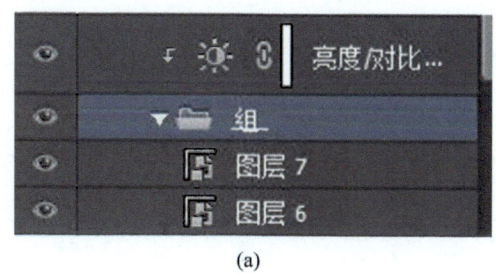

(a)

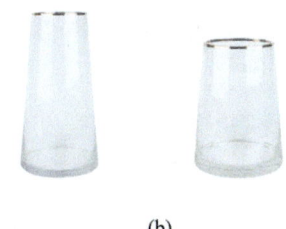

(b)

图 6-107

4）瓶身尺寸参考信息

在工具栏中选择直线工具，在左侧瓶身上方画出虚线，填充颜色无，描边 RGB：61/61/61，描边宽度 1 像素，描边选项设置虚线 3、间隙 8，尺寸宽 129 像素、高 1 像素，粗细 1 像素。

制作椭圆，填充色 RGB：61/61/61，描边无，尺寸宽 7 像素、高 7 像素。在图层面板单击该椭圆图层，按"Ctrl+J"复制，将两个椭圆移至虚线两端。

在虚线上方中间位置输入文字"8cm"，字体选择"思源黑体 CN"，字体样式"Medium"，字体大小 20 点，颜色 RGB 为 61/61/61，如图 6-108 所示。

在图层面板中创建新组，将上述所做的尺寸参考信息置入其中。在图层面板中单击刚刚所做的尺寸参考文件夹，在工作区按住"Alt"键，单击左侧瓶口的图标和文字并右移至第二个花瓶上方。拉长虚线至与瓶口同宽，右移右侧圆点至线段边缘，并修改相应文字为"10.5cm"。

左侧和右侧瓶底宽度的尺寸参考信息的制作方式与上述步骤一致，如图 6-109 所示。

在图层面板中单击有关"14cm"的尺寸参考文件夹，在工作区按"Alt"键复制，选择其中的虚线按"Ctrl+T"调整角度，拉长虚线，使其与瓶身上下两侧边缘对齐，调整圆点的位置至虚线两端点。更改文字内容为"25cm"，字体选择"思源黑体 CN"，字体样式"Medium"，字体大小 20 点，颜色 RGB 为 61/61/61，如图 6-110 所示。

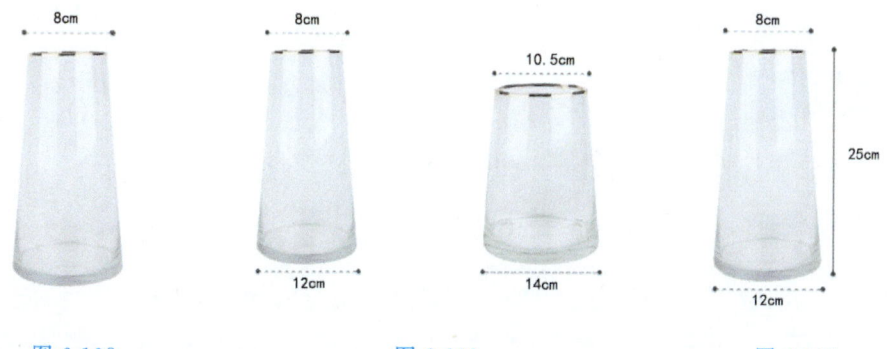

图 6-108　　　　　　　　　　图 6-109　　　　　　　　　　图 6-110

右侧瓶身高度的尺寸参考信息的制作方式与上述步骤一致，文字改为"19cm"，如图 6-111 所示。

5)小标题

使用工具栏中的圆角矩形工具,在左侧花瓶的左侧位置加入黑色圆角矩形,填充色 RGB 为 61/61/61,描边无,尺寸宽 28 像素、高 87 像素,圆角半径 40 像素。使用直排文字工具输入文字"束口款",字体选择"思源黑体 CN",字体样式"Normal",字体大小 20 点,行距 36 点,颜色白色。文字在椭圆形中垂直居中对齐。

在图层面板中复制上述所作的黑色圆角矩形和文字,在工作区移至右侧花瓶旁,调整位置,修改文本内容。

使用直线工具在两个花瓶中间画出灰色竖线,填充色无,描边 RGB:61/61/61,描边宽度 1 像素,描边选项设置虚线 5、间隙 5,尺寸宽 1 像素、高 492 像素,粗细 1 像素,如图 6-112 所示。

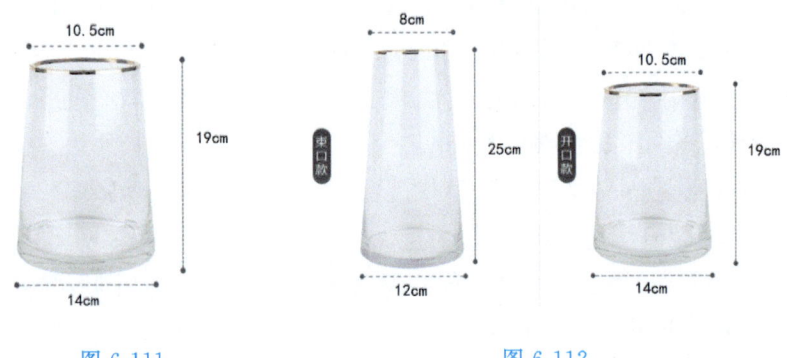

图 6-111   图 6-112

至此完成详情页全部内容的制作。

任务 6.4
果汁茶详情页设计与制作

> **任务分析**

本任务为果汁茶制作电商详情页,展示出其天然、美味的感觉。

1. 正面展示图

打开 PS 软件,执行"文件"/"新建"命令,在弹出的"新建"对话框中设置文档的各项参数。

输入新文件名称——果汁茶详情页,设置空白文档的大小为宽度 790 像素、高度 6000 像素,"预设"选择"自定",分辨率为 72 像素/英寸,颜色模式为 RGB,默认 8 位,背景内容为白色,单击"确定",即获得竖向的白色画布,然后将图片素材导入。

使用文字工具插入主标题,字体设置为"方正大标宋简体",字号 80,颜色选择 RGB:243/131/43。复制文字并向下移动,输入第二行文字。两行标题水平居中对齐,竖向留有一定间距。输入下方的黑色说明文字,字号 30 点。添加下方的英文内容,字号 18,两行文字水平居中对齐。使用矩形工具在最下方插入线段,颜色选择 RGB:243/131/43,长度与上方第一行英文相同,如图 6-113 所示。

选中本屏的文字等素材,归入图层组 1。最后微调文字组合与图片的相对位置。

2. 原材料展示

1)细节图 1

在第一屏下方插入横向的矩形,将农田背景的照片加入 PS 文件,调整大小并创建剪贴蒙版。设置文字大小为 30 点,行距 36,字体为"思源黑体 CN",输入左上方的三行白色文字,左对齐。

图 6-113

选择要插入的茶叶图标,调整大小并置于左下角。为图层添加颜色叠加的效果,设为白色。设置文字为"逐浪帅宋斜楷体",字号 60 点,白色,输入小标题。修改字号为 30 点,字体"DIN Medium Italic",输入上方的英文内容,与中文左对齐。将图片水平翻转,使人物位于右侧,如图 6-114 所示。

2)细节图 2

插入与画面等宽的矩形,设置填充颜色为 RGB:153/206/135。在上方中部添加圆角矩形,填充颜色 RGB:0/153/68。输入主标题,字体为"思源黑体 CN",颜色设为白色,36 点,居中对齐。输入下方的说明文字,调整字号为 30,颜色设置为 RGB:0/153/68。第三行英文字号为 18 点,使用空格对单词进行分隔。

插入圆角矩形,与文字、页面两边保留一定间隔。插入水果的照片,放大并调整位置,设为蒙版图层,如图 6-115 所示。

图 6-114

图 6-115

3)细节图 3

复制上一页横版的文字和图片元素,移动至本屏位置。分别修改文字和图片图层,所有文字参数与上一页相同,完成本页的内容调整,如图 6-116 所示。

3. 产品展示图

1）展示图 1

使用文字工具输入文字标题"产品展示"，字体选择"思源黑体 CN"，字体样式"Bold"，字体大小 60 点，颜色 RGB：33/33/33，所选字符的字间距为 50。在文字标题下方输入"PRODUCT DISPLAY"，字体大小 24 点。两行文字标题水平居中对齐于页面，如图 6-117 所示。

图 6-116　　　　　　　　　　　　　　　　　　　图 6-117

绘制一个矩形框，填充颜色 RGB：137/201/151。在矩形框置入素材"展示图 1"，创建剪贴蒙版，使矩形框限制素材"展示图 1"的显示状态。使用"亮度/对比度"对素材"展示图 1"的亮度进行调整，亮度 35、对比度 8。在图层面板中选择"亮度/对比度"，对"展示图 1"图层创建剪贴蒙版。效果如图 6-118 所示。

在素材"展示图 1"右侧创建一个矩形，填充颜色 RGB：167/132/10。对此矩形做个投影效果，选择"正片叠底"，颜色 RGB：45/45/45，不透明度 35％，角度 48 度，使用全局光，距离 3 像素，扩展 0％，大小为 21 像素。在图层面板选择新建的矩形，对"亮度/对比度"创建剪贴蒙版，如图 6-119 所示。

图 6-118　　　　　　　　　　　　　　　　　　　图 6-119

在此前矩形框的基础上再绘制两个矩形框,填充颜色分别为 RGB:219/173/15、RGB:255/202/19。按"Shift"键连选这两个矩形,创建剪贴蒙版,使得矩形背景限制这两个矩形的显示状态。创建一个新组,将素材"展示图 1"和之前所作的矩形全部置入其中。绘制矩形框,填充色无,描边颜色白色,描边宽度 5 像素,如图 6-120 所示。

在矩形图右上角绘制圆角矩形,填充色为白色,输入文字"金桔柠檬",字体选择"逐浪帅宋斜楷体",字体大小 32 点,颜色 RGB:255/168/32,如图 6-121 所示。创建一个新组,将文字和圆角矩形置入其中。

图 6-120　　　　　　　　　　　　　　图 6-121

将图标"柠檬"置入矩形图右侧,调整大小。为素材"柠檬"添加颜色叠加效果,混合模式为正常,颜色设为白色,不透明度 100%。输入文字"柠檬汁",字体选择"逐浪帅宋斜楷体",字体大小 23 点,颜色为白色。其余三个素材的制作方式与上述步骤一致,如图 6-122 所示。

使用矩形工具绘制分割线,填充色无,描边为白色,描边宽度为 2 像素。依次复制两个出来,置于素材之间。在素材下方输入文字"清爽酸甜 溢满舌头",字体选择"逐浪帅宋斜楷体",字体大小 52 点,颜色为白色,如图 6-123 所示。

图 6-122　　　　　　　　　　　　　　图 6-123

2)展示图 2 和展示图 3

在距离上图有一定间隔处绘制两个矩形图,两个矩形图之间留有一定的空白间隔。分别将素材"展示图 2"和素材"展示图 3"置于两个矩形图之上。分别创建剪贴蒙版,使矩形框限制素材"展示图 2"和素材"展示图 3"的显示状态。移动照片位置、调整大小,使主体居中展示。使用"亮度/对比度"调整素材"展示图 2"和"展示图 3"的亮度,亮度为 6、对比度为 7。效果如图 6-124 所示。

4. 产品信息图

复制"产品展示图"的两行主标题文字,移至本屏的上方中部,分别修改中文和英文内容。加入素材"细节 11",调整其大小,添加蒙版图层,使用画笔工具将照片边缘的浅灰色适当虚化。使用"亮度/对比度"调整图片亮度,亮度为 19、对比度为 0。在图层面板中右击"亮度/对比度",对"细节11"图片创建剪贴蒙版,如图 6-125 所示。

图 6-124

图 6-125

在右侧输入文字"营养成分表",字体选择"思源黑体 CN",字体样式"Regular",字体大小 32点,颜色为黑色,所选字符的字间距为 50。绘制矩形图,填充颜色 RGB:255/169/33,依次复制两个矩形图,三个矩形图之间留一定的空白距离。分别在三个橘色矩形图中输入文字,字体选择"思源黑体 CN",字体样式"Regular",字体大小 18 点,颜色为白色。然后分别在空白区域输入文字,颜色为黑色。效果如图 6-126 所示。

营养成分表

项目	每100克(g)	NRV%
能量	162千焦(kJ)	2%
蛋白质	0克(g)	0%
脂肪	0克(g)	0%
碳水化合物	9.5克(g)	3%
钠	30毫克(mg)	2%

图 6-126

输入左下方的文字标题"蜜谷·果汁茶",字体选择"方正大标宋简体",字体样式"Regular",字号 42 点,颜色 RGB:236/152/19。输入下方的说明内容,字体选择"思源黑体 CN",字体样式"Regular",字体大小 24 点,行距 48 点,颜色为黑色,文字两端分别与屏幕左右两侧保持一段空白距离。将画布的下边缘裁剪至与文字下方距离约一行字,确定并完成详情页的制作。

> **项目小结**

本项目通过对详情页设计基础的讲解,以及三个商品的具体页面制作,使读者掌握电商详情页的设计过程。在详情页的设计中,页面构成主体包括细节图、场景图、尺码表等,布局则应根据产品特点选择相应的排版方式。在具体产品的详情页设计中,不同的功能和特点要分别体现,如加湿器注重表现加湿功能、可爱的特点,花瓶则重在形状、图案的表达,果汁茶要体现外包装和饮品的吸引力等。

> **同步实测**

一、思考题

1. 在商品详情页的设计中,哪几类图是比较重要、必须要制作的?

2. 在花瓶的详情页设计中,哪些页面布局是常见的?

二、实践题

任选一款衬衫,为其设计一个商品详情页,要求整体风格大气、简约、实用。

Shangpin Xinxi Caiji yu Bianji

项目7
商品视频拍摄与制作

随着短视频越来越流行,通过视频表现商品特点已经成了电商展示的一种必备形式。在本项目中,将对商品视频的拍摄与制作进行介绍,包括拍摄、剪辑要点和商品拍摄实践等。通过基础知识与具体操作的结合,帮助读者掌握商品视频的拍摄与制作技能。

1. 理解商品视频的重要性;
2. 掌握商品视频拍摄要点;
3. 能根据视频设计剪辑思路;
4. 会剪辑商品视频;
5. 会制作不同的商品视频;
6. 熟练操作视频剪辑软件。

任务 7.1
商品视频制作与剪辑要点

从原始商品到展示商品的小视频,需要经过拍摄和剪辑等重要环节。其中,拍摄主要由摄影师负责,获得可用的商品源视频文件。剪辑与制作则由设计后期完成,通过剪切视频片段、增加效果和文字等,优化商品展示视频。

1. 视频剪辑思路

常见的视频主要由字幕文案、人声配音和视频素材三部分组成。视频制作与剪辑工作是根据视频的题材、亮点,进行合理的设计和铺垫,通过相匹配的镜头语言,突出需要表达的重点,然后进行收尾工作。通过系统的思考与设计工作,制作出更专业、生动、有创意的视频作品。

剪辑是重要的视频处理过程,常用的专业软件包括会声会影、Adobe After Effects(简称 AE)、Adobe Premiere(简称 Pr)等,对计算机配置要求相对较高。初学者可以从 AVS Video Editor 软件入手,它包含的常用剪辑、调色、配音等功能相对简单。本教材中使用了专业性较强的 Adobe Premiere(见图 7-1)进行视频制作。

图 7-1

配音可以丰富视频的元素,现在商品小视频经常会加入背景音

乐或解说。建议配音不要和背景音乐同时添加,否则在剪辑声音时会出现音乐的断层,不利于后期处理。背景音乐和文字等可以在最后统一添加。

2. 视频剪辑要点

视频的剪辑是整个视频制作中最后一环,也是最终呈现良好效果的保障。剪辑师在后台与策划人员、拍摄人员相互配合,运用专业软件与设备,将初始的视频素材通过策划思路制作,最终有次序、有节奏、有美感地呈现出来。视频剪辑的要点如下。

1)主次分明

视频剪辑的过程中应关注主题,根据策划思路来剪辑视频。剪辑人员要熟练把握画面,在多层叠加时突出主体,避免跳跃式剪辑,使视频层次分明、环环相扣。非线性剪辑系统提供了多达 99 层的画面叠加,可根据内容的需要合理设置层数。在视频后期剪辑制作过程中要有层次感,一般使用 3 至 5 层即可满足要求。主体的突出能够更有效地传递视频信息,让画面更有质感和空间感。

2)统一画面色调

视频剪辑涉及来自拍摄、网络、包装等的各类素材,不同的素材画面色彩相差较大。可以通过非线性剪辑系统来调整源视频的各项参数,或通过一些专业设备进行后期校色,从而保持画面色调的一致性,提高视频的观赏性。在拍摄过程中,影响色彩还原的因素有很多,如室内、室外、清晨、黄昏、日光、灯光等频繁变化,需要专业技术人员掌握拍摄参数。

3)声音的处理

在视频剪辑过程中,声音的出色处理也是一个重要环节。同期声是在拍摄图像的同时记录到的现场声音,能产生强烈的现场感与参与感,可起到烘托、渲染主题的作用。在剪辑中,控制好同期声的音量大小,与解说词和音乐相配合,能够使画面和声音更协调,也让声音更有质感。

4)良好的节奏感

视频剪辑是将零碎素材通过专业技术整合,使其成为一部具有观赏性的完整视频。视频画面之间衔接得体,能够使情节和画面连贯,内容和形式有连续性。有良好节奏感的剪辑,是每个画面的转换都正好落在剪辑点上,主题思想在构思和视角上运用得当。叙述性画面要靠逻辑规律和素材长度确定时间节点,使画面连贯稳定、流畅自然,避免拖沓、跳跃感。

在视频后期剪辑制作中,镜头的高质量切换和体现也是很重要的环节,要求画面平、稳、匀,通过镜头运动表达新的信息。在剪辑过程中,使每个镜头传递独特的信息,尽量避免杂乱无章、花哨无用的镜头。

3. 视频剪辑光学技巧

在视频剪辑和镜头转换中,常用多种光学手法以实现不同效果,以下对常用的镜头转换技巧等进行简单介绍。

1)切入切出

切入切出是从上一个镜头结束直接转到下一个镜头开始,中间不加技巧、毫无间隙。它是最常用的镜头转换方法,可简称"切"。

2)淡出淡入

淡出是画面逐渐变暗、最后完全隐没的处理,也称渐隐。淡入是画面逐渐由暗变亮、最后完全清晰的过程,也称渐显。

3)划入划出

划入是使用一条线段移动带出画面,划出则是用线将画面抹去。划线可用清晰的直线、波浪线等,位置可从画面边缘开始,沿着竖、横、斜的方向运行。

4)化出化入

化出化入是在一个画面逐渐隐去的同时,另一个画面逐渐显露的过程。其中,化出是画面逐渐隐去,也称溶出。化入是画面逐渐显露,也称溶入。这在前后相互联系的内容和场景中比较常用,营造慢慢过渡的感觉。

5)叠印

叠印是两个或两个以上画面叠合形成一个画面,是镜头同时展示的一种方法,常用来表现人物的梦境、回忆、想象等。

6)其他

定格:指动态镜头瞬间静止在某一画面的视频处理。

倒向印片:把拍摄的正常镜头素材,按照与动作相反的顺序印片。

分割画面:拍摄时使用遮片,把一个镜头画面分割成两个或更多的画面。

焦点变虚:将画面的若干画格焦点变虚,使影像逐渐模糊。虚化的速度和长度可以自由调节。

⟫➔ ▐ 知识拓展 ▐ ⋯⋯

视频后期特效与画面转场

视频的后期特效制作是实现美感、凸显气势的重要环节。在制作视频后期特效时,如果效果运用得当、独具匠心,将有效激发观众的兴趣、增强记忆。但是如果大量滥用特效,也会让人眼花缭乱、体验不佳。

选取适宜特效与画面流畅转场,也是后期制作中的工作之一。剪辑的画面长度、运用特效的转换时间长度,两者均应适宜。由于非线性剪辑系统可以帧为单位进行特效处理,所以画面转场时间太短时会产生视觉脱节的跳跃感。灵活把握画面切换的时间间隔,可以让视频效果流畅自然。

⟫➔ ▐ 动手一试 ▐ ⋯⋯

设计水杯的商品展示视频拍摄、剪辑要点。

任务 7.2
加湿器视频剪辑与制作

　　在加湿器已有的主图、详情页素材基础上,为其制作一个能够表现出产品特点的小视频。通过图片和视频的综合形式,传达产品的实用与可爱特点。

1. 新建项目

　　打开 Pr 软件,选择"文件"/"新建",在弹出的窗口中输入名称,选择项目保存位置,选择渲染程序"仅 Mercury Playback Engine 软件",单击"确定",如图 7-2 所示。在上方工具栏中选择"文件"/"新建"/"序列",在"序列预设"中,选择"ARRI"/"1080p"/"ARRI 1080p 25"。在设置中修改编辑模式为自定义,视频帧大小为水平 800、垂直 800(淘宝的主图视频规格一般是 800×800),单击"确定"。

2. 导入视频素材

　　将所需的视频源素材拖至项目面板中,完成文件导入。在上方"监视器"面板上播放视频进行预览,如图 7-3 所示。

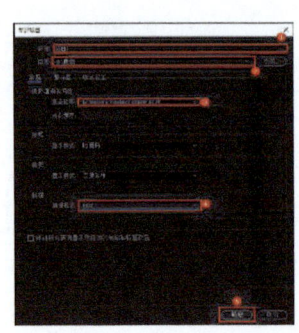

图 7-2

图 7-3

3. 剪辑视频

1)剪辑素材 1

步骤一:将 C0004.MP4 素材拖至"监视器"面板中,在进度条开始处单击"标记入点",然后将视频进度条拖至 40 秒 28 帧,单击"标记出点"(见图 7-4),完成素材片段的截取。

图 7-4

步骤二:将"监视器"面板中的视频拖拽至"时间轴"面板,即完成视屏剪辑。

▶▶▶ ｜知识拓展｜ ......

除了上述剪辑视频的方法,还可利用剃刀工具对视频进行裁剪。

将 C0004. MP4 素材拖拽至"时间轴"面板,选择工具箱中的■剃刀工具按钮,然后选择"时间轴"面板中的 C0004. MP4 素材文件,将时间线拖动到 1 分 14 秒处的位置,单击鼠标左键对影片素材进行剪辑操作,如图 7-5 所示。

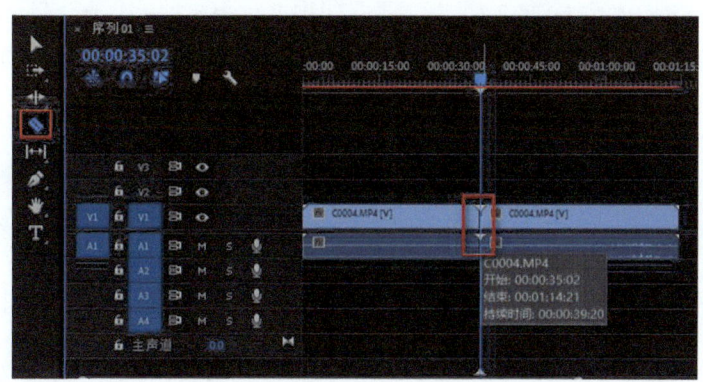

图 7-5

步骤三:选中截取片段,展开"效果控件"面板中的"运动"效果,设置"缩放"为 40,调整"位置"参数为"451,428",使主体位于画面中心位置,如图 7-6 所示。

2)剪辑素材 2

将素材 C0008. MP4 拖拽至"监视器"面板,重复素材 1 的剪辑过程将所需的视频片段截取出来,然后拖至"时间轴"面板素材 1 的后面作为第二段视频。单击"效果控件",调整视频的"位置"为"500,397",设置"缩放"为 40,如图 7-7 所示。

3)剪辑素材 3

步骤一:将素材 C0011. MP4 拖拽至"监视器"面板,此段素材需要裁剪成两段视频,首先选取10 秒—20 秒的片段剪裁出来,拖拽至"时间轴"面板作为第三段视频;然后选取素材 22 秒—26 秒的片段,将选取的片段拖拽至"时间轴"面板中第三段视频的后面,作为第四段视频。

步骤二:在"时间轴"面板单击第三段截取片段,单击"效果控件",调整视频的"位置"参数为"400,400","缩放"参数设置为 40,如图 7-8 所示。

图 7-6　　　　　　　　　图 7-7　　　　　　　　　图 7-8

步骤三：单击"时间轴"面板的第四段截取片段，单击"效果控件"，调整视频的"位置"参数为"550,400"，"缩放"参数设置为 50，如图 7-9 所示。

4）剪辑素材 4

将素材 C0006.MP4 拖至"监视器"面板，截取视频 2 秒—8 秒的片段，拖至"时间轴"面板，单击"时间轴"面板中该片段，然后单击"效果控件"，调整视频"位置"参数为"400,400"，调整"缩放"参数为 40，如图 7-10 所示。

4. 取消音频链接

单击"时间轴"面板的第一个视频片段，右键选择"取消链接"，然后单击音频片段，右键选择"清除"，即可将视频原始音频删除，如图 7-11 所示。重复上述步骤，将其他几个片段的音频删除。

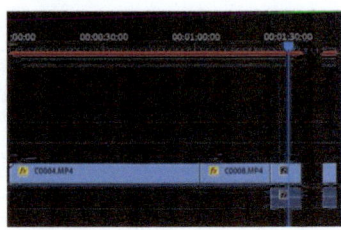

图 7-9　　　　　　　　　图 7-10　　　　　　　　　图 7-11

5. 调整视频速度

步骤一：拖动"时间轴"面板中的视频轨道按钮 ⚙ ，将视频竖向拉长，如图 7-12 所示。

步骤二：单击第一段视频，右键选取"速度/持续时间"，进入"剪辑速度/持续时间"对话框，将"速度"参数设置为"700％"，单击"确定"按钮，如图 7-13 所示。

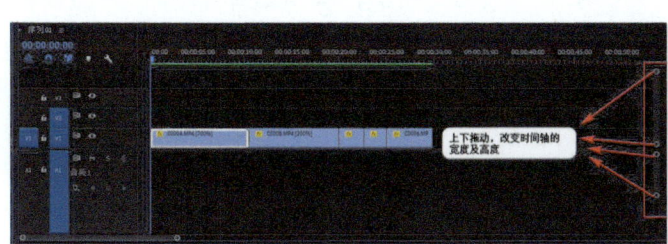
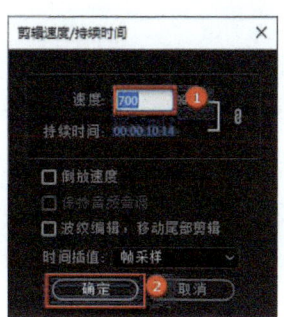

图 7-12　　　　　　　　　　　　　　图 7-13

步骤三：分别单击第二段、第五段视频，右键选取"速度/持续时间"，将"速度"参数分别设置为"200％"和"80％"，视频速度调整后，片段之间存在空白区，单击空白处"波纹删除"，如图 7-14 所示。

步骤四：单击并拖动"当前时间指示"至视频结尾处，按"Enter"键，对视频进行渲染（见图 7-15），等待过程结束，观察优化后的效果。

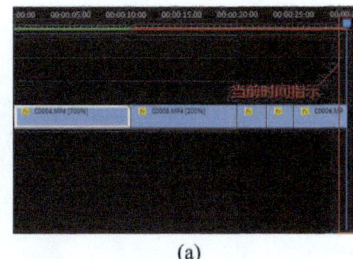
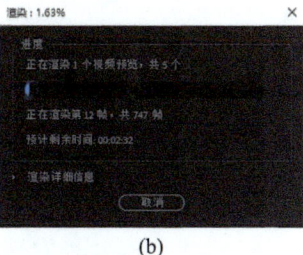

　　　　　　　　　　　　　　　(a)　　　　　　　　　(b)

图 7-14　　　　　　　　　　　　　　图 7-15

6. 颜色校正

1) 调整色彩界面

单击"颜色"控件，单击"Lumetri 范围"子界面，在右下角的"设置"中单击"预设"，选择"分量RGB"。

2) 添加调整图层

步骤一：在项目面板中，单击 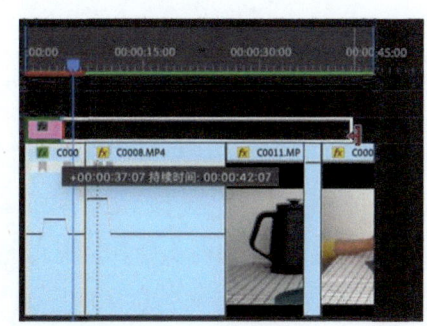 新建项，选择"调整图层"，在弹出界面中单击确定。将新建的调整图层拖入"时间轴"面板 V2 轨道，单击并拖动"当前时间指示"至整体视频的结尾处，如图 7-16 所示。

步骤二：选择左侧的剃刀工具，放大时间刻度，单击右端窗口的调整图层时间条中与下方视频交界对齐的地方，将整体图层截断，分割为独立的片段。

图 7-16

3)调整色彩

在"Lumetri 颜色"面板中展开"基本校正",然后选中需要调整的图层,在面板中调整各图层的参数,然后播放全部视频,观察并检查效果。具体参数值如表 7-1 所示。

表 7-1

图层 ＼ 参数	色温	色彩	曝光	对比度	高光	阴影	白色	黑色
图层 1	8.8	−3.9	−0.2	8.8	2.0	0	−1.0	0
图层 2	−3.3	2.2	−0.1	7.8	0	0	2.9	0
图层 3	−4.1	0	−0.2	2.7	12.4	0	−2.0	0
图层 4	−2.0	0.9	−0.6	9.2	2.7	0	0.5	0
图层 5	2.0	0.9	−0.2	6.9	0	0	−0.3	0

7. 过渡处理

进入项目面板的"效果"子页面,选择"视频过渡"/"溶解"/"交叉溶解",将此项拖至右侧视频 1、2 中间,如图 7-17 所示。

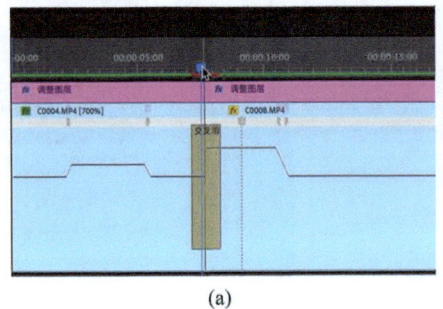
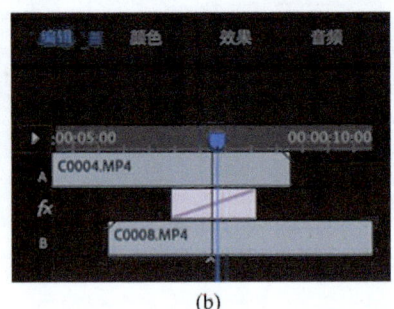

(a)　　　　　　　　　　　　　　　(b)

图 7-17

调整下方的交叉溶解宽度,以及上方编辑窗口中的左右位置,播放视频并观察效果。然后将其余视频进行相同的过渡处理。

8. 效果处理

1)导入音频

步骤一:打开素材文件夹,将音频文件拖入项目面板。双击新加入的 MP3 文件,在"监视器"面板播放,使用下方的开始和结束的中括号按钮,标记所需音乐片段的开始与结束处。

步骤二:将视频拖入"时间轴"面板,向下拖动左侧标度的下边缘,使音频的上下范围变宽,如图 7-18 所示。

步骤三:裁剪开始无波形、无声音的一小段,将音频的前、后端分别拉伸至与视频的首、尾端对

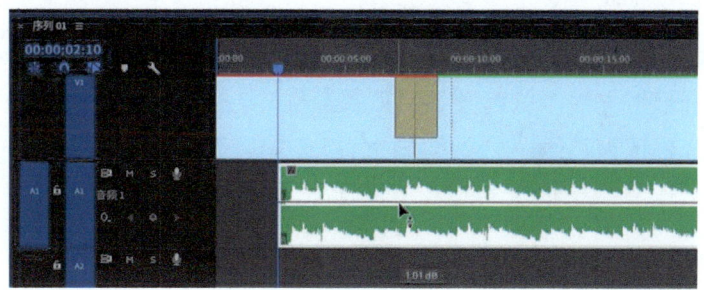

图 7-18

齐,如图 7-19 所示。

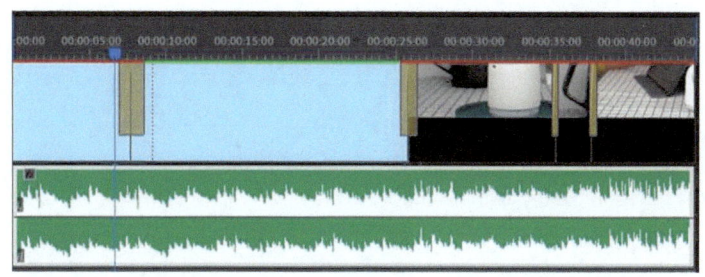

图 7-19

步骤四:单击"时间轴"中的音频,单击"效果控件",调整音频开始的音量级别,在右端窗口中拖动播放进度条,试听效果。

2)渐变处理

步骤一:单击"时间轴"面板的最后一段视频,单击"效果控件",单击"不透明度"(见图 7-20),然后单击增加关键帧按钮 ⬤ ,在该面板右端选取增加关键帧的片段,单击末尾端的关键帧,调整"不透明度"参数为 0。

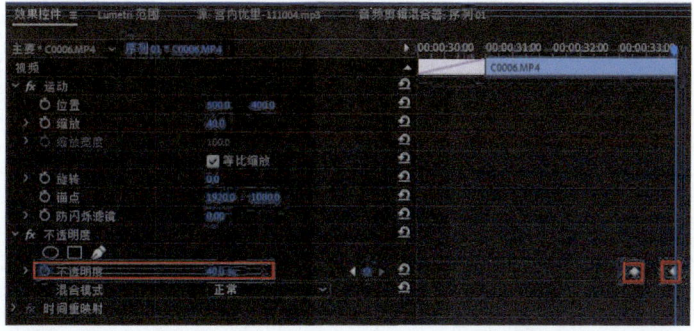

图 7-20

知识拓展 ......

帧是动画中的单幅影像画面,是最小的计量单位。影片是由一张张连续的图片组成的,每幅

153

图片就是一帧，而关键帧是指动画中关键的时刻。可以通过设置动作、效果、音频及多种其他属性参数使画面形成连贯的动画效果。关键帧动画至少是通过两个关键帧来完成的。

步骤二：选中"时间轴"面板中的音频，在"效果控件"中添加关键帧，在音频开始与结束处分别截取两个关键帧，将光标放置在第一个关键帧上，按住鼠标左键向下拖拽，制作淡入效果；然后单击最后一个关键帧，按住鼠标左键向下拖拽，制作淡出效果，如图 7-21 所示。

9. 加入图文

1）添加 LOGO

将 LOGO 图片从源文件夹中添加至项目面板，并拖至"时间轴"的 V3 轨道，拉长时间条至后端与视频结尾对齐，如图 7-22 所示。

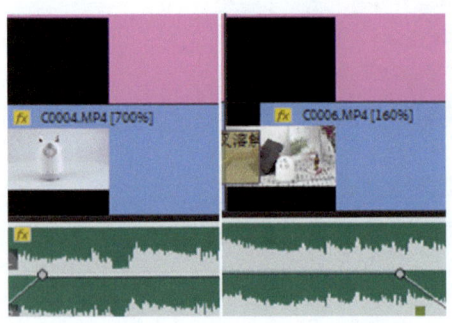

图 7-21

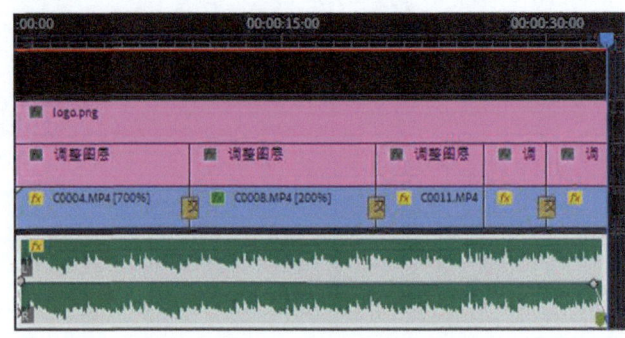

图 7-22

拖动图标的位置，移动至画面左上角；或者单击"时间轴"面板，在"效果控件"中调节"位置"参数为"100,50"。在右下窗口播放视频并观察，如图 7-23 所示。

2）添加字幕

步骤一：在上方工具栏选择"文件"/"新建"/"旧版标题"，在弹出窗口中单击确定，在"字幕"面板中输入"萌宠加湿器"，设置字体为方正兰亭细黑简体、字号 50、字符间距为 5，文字颜色在色谱中选择深灰，然后单击 ▶ 选择工具，移动文字至右下角区域。单击"文字工具"，按"CapsLock"键，在面板中输入"CUTE PET HUMIDIFIER"，设置字体为 Arial、字号 24、字符间距为 10，如图 7-24 所示。

图 7-23

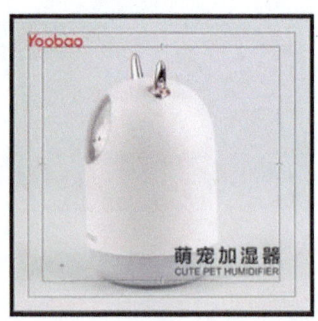

图 7-24

步骤二：单击"时间轴"面板的字幕1,在"效果控件"(见图7-25)中单击"位置"前方的图标,出现增加关键帧的标记,单击最左边的图标,将"位置"参数设置为"700,400",营造字幕从右侧飞入的效果。在下方的"不透明度"处,在相同的位置添加关键帧,将"当前时间指示"拖至最左端,设置"不透明度"为0。

步骤三：添加字幕2,输入"请加入自来水或矿泉水",设置字体为方正兰亭细黑简体,字号50,宽高比为60%,字符间距为10,在右下方勾选"阴影",设置颜色为深灰,不透明度30%,距离为3,扩展为10,如图7-26所示。拖动项目面板中的字幕2至"时间轴"面板字幕1的后面,在字幕1与字幕2中间留一小段空白,空白区为视频的过渡段。

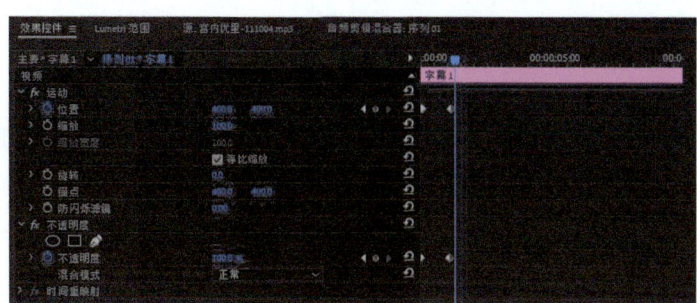

图 7-25

图 7-26

步骤四：右键单击项目面板中的字幕2,选择复制,重命名为"字幕3"。单击字幕3,将文字改为"浸泡吸水棉棒 插入棉棒"。重复上述步骤,分别添加"按顺时针方向旋转上盖""USB插入通电按下按键开启喷雾""纳米雾化加湿净化空气""办公室空调房加湿""雅致礼物有爱更有惊喜"等字幕。

步骤五：将项目面板中的字幕按照顺序依次拖拽至"时间轴"面板的V4轨道,根据画面内容调整字幕长度及位置,如图7-27所示。

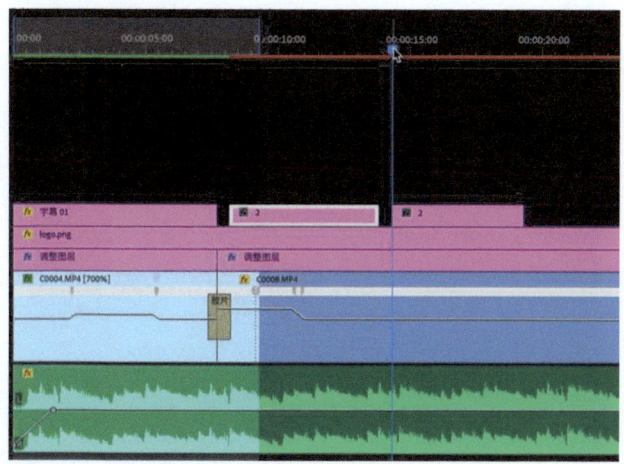

图 7-27

10. 导出视频

对视频进行渲染,播放并观察整体效果。选择左上"文件"/"导出"/"媒体",选择格式"H.264",预设"匹配源-高比特率",修改视频名称并设置存储位置。单击右下角"导出",完成视频的输出。

加湿器视频

任务 7.3
花瓶视频剪辑与制作

任务分析

本任务对电商商品花瓶进行视频拍摄与后期剪辑,注意突出商品的外观特点,结合设计风格柔美的镜头切换与效果表现方式。

1. 导入视频

1）新建文件

打开 Pr 软件,在上方工具栏单击"文件"/"新建",设置文件名为"花瓶小视频"。在打开的新文件窗口中选择"文件"/"新建"/"序列",设置渲染程序为"仅 Mercury Playback Engine 软件"。

在设置中,编辑模式为自定义,时基 25 帧/秒,修改帧大小为水平、垂直各 800。单击确定,完成调整。

打开源视频的文件夹,将所需的素材文件拖入左下窗口,等待并完成文件导入。

2）添加素材 1

步骤一:在项目面板中右键选择"新建项目"/"颜色遮罩",选择白色,单击确定。将新建颜色遮罩拖至"时间轴"面板的 V1 轨道。

步骤二:将素材"白底.MP4"拖至"时间轴"面板的 V2 轨道,作为第一段视频。将 V1 轨道的颜色遮罩调整与素材 1 同等长度。效果如图 7-28 所示。

3）添加素材 2

步骤一:将素材"C0013.MP4"拖至"监视器"面板,截取 4 秒—8 秒这一段(具体裁剪方法参考加湿器的裁剪方法),将裁剪后的视频拖至"时间轴"面板中素材 1 的后面,作为第二段视频。

步骤二:单击"效果控件",调整"缩放"参数为 42,"位置"参数为"500,416"。拖动视频进度条,观察视频的变化,如图 7-29 所示。

4）添加素材 3

将素材"倒水.MP4"拖至"监视器"面板素材 2 后面,作为第三段视频,如图 7-30 所示。

图 7-28

图 7-29

图 7-30

5）添加素材 4

步骤一：将素材"C0015.MP4"拖至"监视器"面板，截取 4 秒—10 秒这一段为第四段视频。然后将"监视器"面板中的素材拖至"时间轴"面板素材 3 的后面。

步骤二：单击"效果控件"，调整"位置"参数为"276,404"，调整"缩放"参数为 38，拖动视频进度条，观察视频的变化，如图 7-31 所示。

6）添加素材 5

步骤一：将素材"C0016.MP4"拖至"监视器"面板，截取 3 秒—6 秒这一段为第五段视频，然后将视频拖至"时间轴"面板。

步骤二：单击"效果控件"，调整"缩放"参数为 36。选中该素材，右键选择"速度/持续时间"，勾选"倒放速度"。效果如图 7-32 所示。

7）删除原始音频

在"时间轴"面板全选视频下方的音频条，右键选择"取消链接"，删除原始音频。

2. 添加字幕

1）添加字幕 1

单击上方工具栏的"文件"/"新建"/"旧版标题"，在弹出的窗口中修改字幕名称为"字幕 1"，单击确定。在"字幕"面板中输入"手描 22K 真金瓶口"，修改字体为"思源黑体 CN"，字体大小为 50，文字颜色为黑色，拖动字体在视频上方水平居中，如图 7-33 所示。

2）添加字幕 2

复制字幕 1 的文件，修改名称。打开字幕，在右侧工具栏中将字幕改为"无铅材料，更透光"，将字幕设置为水平居中对齐，拖至视频下方，如图 7-34 所示。

图 7-31

图 7-32

图 7-33

图 7-34

3）添加字幕 3

复制字幕 2 的文件，修改名称。修改字幕内容为"用料足，底部更厚实"，将字幕拖至视频上方，如图 7-35 所示。

3. 添加视频效果

1）视频过渡

单击"效果控件"，在最右侧面板中选择"视频过渡"/"溶解"/"交叉溶解"，将其拖入"时间轴"面板中第一段视频的末尾。添加第二个交叉溶解效果至第三段视频开头，播放并观察视频。添加第三个交叉溶解至最后两段视频的交界处，如图 7-36 所示。

2）添加音频

将音频文件拖至"时间轴"面板的 A1 轨道，裁剪开头无波纹的片段。在音频末端添加关键帧，单击最后一个关键帧，按住鼠标左键向下拖拽，制作音频淡出效果，如图 7-37 所示。

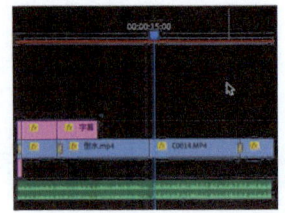
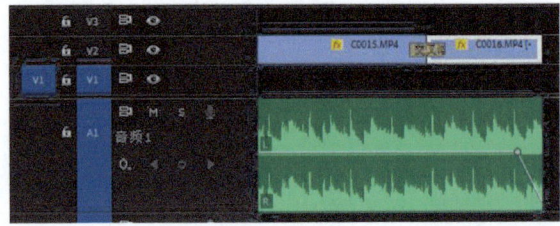

图 7-35　　　　　　图 7-36　　　　　　　　图 7-37

4. 保存文件

选择左上方的"文件"/"导出"/"媒体"，选择格式"H.264"，预设"匹配源-高比特率"，修改输出名称和文件位置。单击"导出"，完成视频的存储。

花瓶视频

任务 7.4
果汁茶视频剪辑与制作

> **任务分析**

本任务在对果汁茶进行视频剪辑时，除了展示外包装的效果，也对瓶内的饮品进行了处理，体现出吸引人的色泽与动感。

1. 导入素材

1）新建文件

新建序列，设置编辑模式为自定义、时基为 25 帧/秒，修改视频的帧大小为水平 800、垂直 800，单击确定。

选中视频的所有素材文件,拖入左下角窗口,完成文件导入。

2)添加素材 1

将素材"IMG_9830.MOV"拖至"监视器"面板,截取视频 3 秒—9 秒这一段为第一段视频,将裁剪后的视频拖至"时间轴"面板的 V1 轨道。单击轨道内的视频,单击"效果控件",设置"位置"参数为"400,460","缩放"参数为 85,"旋转"参数为−3.0°,如图 7-38 所示。

3)添加素材 2

将素材"C0017.MP4"拖至"监视器"面板,截取视频 4 秒—8 秒这一段为第二段视频,然后拖至 V1 轨道。单击"效果控件",调整"位置"参数为"400,444","缩放"参数为 37,"旋转"参数为−90°。效果如图 7-39 所示。

4)添加素材 3

将素材"video_80982.MP4"拖至"监视器"面板,截取视频 26 秒—37 秒这一段为第三段视频,拖至 V1 轨道,调整"位置"参数为"252,440","缩放"参数为 80。效果如图 7-40 所示。

图 7-38

图 7-39

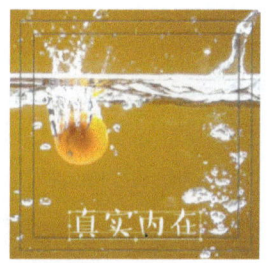
图 7-40

5)添加素材 4

将素材"video_80978.MP4"拖至"监视器"面板,截取视频 0 秒—7 秒这一段为第四段视频,拖至 V1 轨道,调整"缩放"参数为 80。效果如图 7-41 所示。

6)添加素材 5

将素材"细节 94.jpg"拖至 V1 轨道,将进度条拉长为 3 秒。效果如图 7-42 所示。

图 7-41

图 7-42

2.颜色校正

步骤一:在项目面板中右键选择"新建"/"调整图层",将调整图层拖至"时间轴"面板第二段视频尾端,并使用剃刀工具在第一段和第二段视频之间进行剪切,如图 7-43 所示。

步骤二:单击第一段视频的调整图层,单击"Lumetri 颜色"/"基本校正",调整色温为 14.6,色彩 9.2,曝光 1.0,对比度 13.5,饱和度 115.7。单击"曲线",调整曲线弧度,如图 7-44 所示。

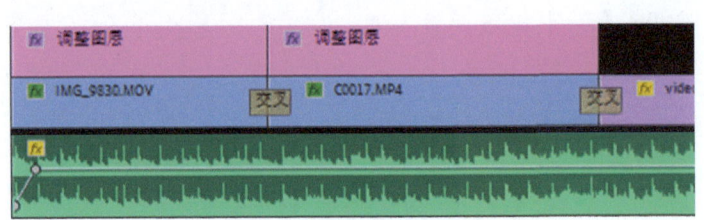

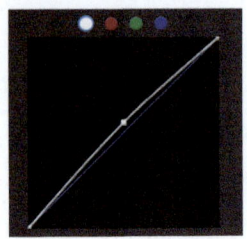

图 7-43 　　　　　　　　　　　　　　图 7-44

步骤三:单击第二段视频的调整图层,调整色温为 14.6,色彩-3.8,曝光 1.0,饱和度 110.3。

3. 添加字幕

1)字幕 1

新建旧版标题,在页面上方输入"蜜谷·果汁茶",调整字体大小为 64,字体为"汉仪小麦体简"。移动位置水平居中。将文字颜色设为深绿,外描边设为白色、边缘大小为 20,如图 7-45 所示。拖动其右侧边缘,使时间与视频 1 等长。

2)字幕 2

步骤一:复制字幕 1 文件,修改名称为字幕 2。复制文字至原标题下方,修改内容,调整字号为 80,颜色为橙色,如图 7-46 所示。关闭文字视图,将项目面板中的字幕 2 文件拖至"时间轴"面板的字幕 1 时间条上方,拖动字幕 2,如图 7-47 所示。拖动视频时间条,观察右上的播放效果。

图 7-45 　　　　　　　　　　　　　　图 7-46

步骤二:单击"效果控件",搜索"变形稳定器",选择"分析",视频进入分析状态,如图 7-48 所示。

3)字幕 3

复制字幕 2 文件,修改名称为字幕 3。修改文字为"新派茶饮",将行距调整为 20,如图 7-49 所示。从项目面板中将字幕文件拖至"时间轴"面板 V3 轨道,将其左侧与视频 2 左边对齐,右侧边缘拉长与视频 2 右侧对齐。播放视频 2,观察整体效果。

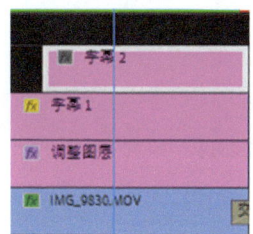

图 7-47　　　　　　　　　图 7-48　　　　　　　　　图 7-49

4)字幕 4

复制字幕 3 文件,修改名称为字幕 4。修改文字为"真实内在",字体大小调至 86,内部填充设为白色,添加阴影,设置颜色为黑色,不透明度为 30%,距离 5.0,扩展 10.0,位置水平居中,如图 7-50 所示。将字幕 4 拖入"时间轴"面板,时间条左侧与视频 3 左边缘对齐,拉长使右侧与视频 4 右边缘对齐。

5)字幕 5

将 LOGO 图片拖至"时间轴"面板,与视频 5 的时间线对齐。在显示视频中选中图片文字,修改"缩放"为 40、LOGO 图标"位置"为"652,76.5",如图 7-51 所示。

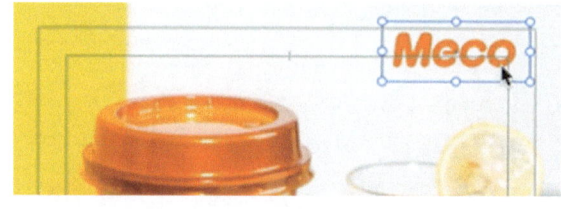

图 7-50　　　　　　　　　　　　　　　　　图 7-51

4.添加音乐

将音频文件拖至"监视器"面板并播放音乐,找到要剪辑的段落。截取音频 35 秒—1 分 15 秒这一段为视频背景音乐,如图 7-52 所示。裁剪超出视频进度的部分,播放整个视频,观察视频效果。

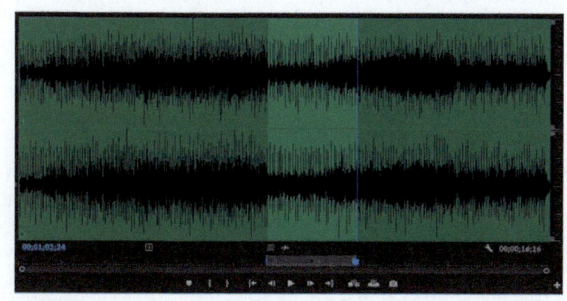

图 7-52

5. 添加效果

1）添加视频过渡

在两个视频之间添加交叉溶解（详细操作参考加湿器视频制作）。

2）制作视频淡入淡出效果

单击第一段视频，在"效果控件"中添加关键帧，第一个关键帧的"不透明度"设为 0（见图 7-53），制作淡入效果。单击最后一段视频，添加关键帧，设置最后一个关键帧的"不透明度"为 0（见图 7-54），制作淡出效果。

图 7-53

图 7-54

3）制作音频淡入淡出效果

单击音频，在"效果控件"中，在音频开头与结尾处分别添加关键帧，将光标分别放置在第一个和最后一个关键帧上，并按住鼠标左键向下拖拽（见图 7-55），制作淡入淡出效果。

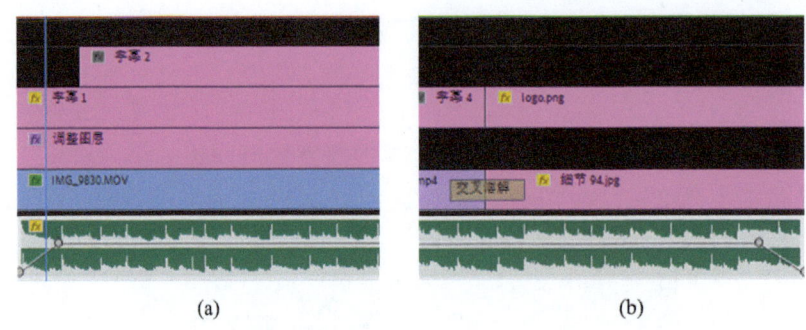

(a)   (b)

图 7-55

6. 导出

对视频进行渲染，等待进度完成。选择上方工具栏中的"文件"/"导出"/"媒体"，选择输出位置，修改文件名称，设置格式为"H.264"，预设为"匹配源-高比特

果汁茶视频

率"。单击"导出",完成视频的存储。

> **项目小结**

　　本项目内容主要对商品视频的制作和剪辑进行了要点介绍,并通过三个具体的商品剪辑操作演示,帮助读者完成基础知识的巩固,使读者最终能够顺利制作出一个商品的展示小视频。

> **同步实测**

一、思考题

1.列出三个视频剪辑过程中的重点要素。

2.常用的剪辑技巧能够实现哪些效果?请说明 4 个以上。

二、实践题

设计一个手表的展示视频,注意拍摄的背景、角度设计,以及剪辑过程中传达的商品特点。

参考文献
References

[1]皇甫琳.色彩在网店美工设计中的创新应用[J].现代职业教育,2020(34):164-165.

[2]林琦.互联网经济背景下网店美工色彩设计应用研究[J].营销界,2020(30):191-192.

[3]罗艳.网店商品图片的拍摄与处理课程教学方法的研究[J].教育教学论坛,2020(21):275-276.

[4]杨亚萍.Photoshop技术在网店美工中的应用研究[J].信息技术与信息化,2019(11):241-242.

[5]禹娟.试析Photoshop软件在效果图后期制作中的应用[J].数码世界,2019(10):60.

[6]李小涛.浅析Photoshop软件在电商美工中的应用[J].信息记录材料,2019(10):105-106.

[7]郭占锋.商品信息采编与专业优化[M].北京:人民邮电出版社,2016.